Deutsch im Einsatz, Lehrerhandbuch

Dieses Buch ist auf das International-Baccalaureate-Diplom-Programm ausgerichtet

Katrin Fox, Alan Marshall, Conny Brock und Sophie Duncker
Lektorat und pädagogische Beratung: Annette Duensing

CAMBRIDGE
UNIVERSITY PRESS

University Printing House, Cambridge CB2 8BS, United Kingdom

One Liberty Plaza, 20th Floor, New York, NY 10006, USA

477 Williamstown Road, Port Melbourne, VIC 3207, Australia

4843/24, 2nd Floor, Ansari Road, Daryaganj, Delhi – 110002, India

79 Anson Road, #06–04/06, Singapore 079906

Cambridge University Press is part of the University of Cambridge.

It furthers the University's mission by disseminating knowledge in the pursuit of
education, learning and research at the highest international levels of excellence.

Information on this title: education.cambridge.org

First published by Advance Materials, 41 East Hatley, Sandy, Bedfordshire, SG19 3JA UK 2011

20 19 18 17 16 15 14 13 12 11 10 9 8 7 6 5

Printed in Great Britain by CPI Group (UK) Ltd, Croydon CRO 4YY

A catalogue record for this publication is available from the British Library

ISBN 978-1-107-56473-2 Paperback

Additional resources for this publication at education.cambridge.org

This work has been developed independently from and is not endorsed by the International
Baccalaureate (IB).

Cambridge University Press has no responsibility for the persistence or accuracy
of URLs for external or third-party internet websites referred to in this publication,
and does not guarantee that any content on such websites is, or will remain,
accurate or appropriate. Information regarding prices, travel timetables, and other
factual information given in this work is correct at the time of first printing but
Cambridge University Press does not guarantee the accuracy of such information
thereafter.

....

German B - Allemand B - Alemán B

Deutsch im Einsatz

Für den IB DP Unterricht im Fach Deutsch B

LEHRERHANDBUCH

Katrin Fox, Alan Marshall, Conny Brock und Sophie Duncker
Lektorat und pädagogische Beratung: Annette Duensing

GOETHE INSTITUT

Mit freundlicher Unterstützung
des Goethe-Institut London

Inhalt

Vorwort

Das Lehrbuch *Deutsch im Einsatz* wurde gezielt für die Vorbereitung von Schülern auf die *IB*-Diplom-Prüfung im Fach Deutsch B geschrieben. Es entspricht den Richtlinien des *IB*-Programms und enthält Texte und Aufgaben für *SL*- und auch *HL*-Programme. Es eignet sich für den Unterricht an allen Schulen, die das *IB* anbieten, und ist nicht auf bestimmte Länder beschränkt.

Lehrer, die Deutsch B zum ersten Mal unterrichten, werden im Schülerbuch reichlich Materialien finden, um den Kurs zu gestalten und um die Schüler gezielt auf die *IB*-Prüfungen vorzubereiten. Gleichzeitig finden erfahrene Lehrer eine Vielfalt an neuen Materialien und Ideen, um den Unterricht zu bereichern. Das Lehrerbuch gibt durchgehend umfassende und detaillierte didaktische und inhaltliche Hinweise, die zu einem ergiebigeren Lern- und Lehrprozess beitragen sollen.

Wie reflektiert dieses Buch die Philosophie des *IB*-Programms?

Zusätzlich zur wissenschaftspropädeutischen Vorbereitung auf das Hochschulstudium ist es Ziel des *International Baccalaureate*, Schüler zu aktiven, verantwortungsbewussten und weltoffenen Menschen auszubilden.

Die Methodik, die *Deutsch im Einsatz* zugrunde liegt, ist eindeutig international ausgerichtet. Die Texte stammen aus dem deutschsprachigen Raum, beziehen sich aber oft auf internationale Fragen. Die Themen wurden ausgewählt, um den Anforderungen des *IB-Subject Guide* zu entsprechen, aber auch um Interesse bei den jugendlichen Lesern zu wecken. Darüber hinaus sollen sie deren interkulturelle Einsicht und somit auch die Toleranz gegenüber Andersdenkenden vertiefen.

Die Aufgaben sind so gestaltet, dass sie die linguistischen Kompetenzen der Schüler fördern. Darüber hinaus werden die Schüler zum eigenständigen Nachdenken und zur Entwicklung einer kritischen Position (auch in Verbindung zum erkenntnistheoretischen Ansatz von *Theory of Knowledge*) angeregt. Durch die Beschäftigung mit aktuellen und kontroversen Themen aus dem deutschen Kulturkreis ergibt sich die Verbindung zu anderen Fachgebieten und zu der Frage „Woher kommt eigentlich dieses Wissen?" wie von selbst. Zudem hoffen wir, dass die Schüler sich am Lernprozess beteiligen und durch diese Mitwirkung ein positives Lernerlebnis haben.

Wie ist das Buch aufgebaut?

Das *IB*-Programm für Sprache B ist thematisch organisiert und besteht aus:

1 drei Kernthemen (die von allen Schülern behandelt werden müssen)
- Kommunikation und Medien
- Globale Fragen
- Soziale Beziehungen

2 fünf Wahlthemen (von denen jeder Schüler zwei behandeln muss)
- Kulturelle Vielfalt
- Feste und Traditionen
- Gesundheit
- Freizeit
- Wissenschaft und Technik

3 für *HL*-Schüler zwei literarische Werke.

Das Buch reflektiert diese Einteilung und ist aus zehn Kapiteln aufgebaut. Es enthält:
- jeweils ein Kapitel (Kapitel 1–8) pro Kern- bzw. Wahlthema
- ein Kapitel (Kapitel 9) über die Schriftliche Aufgabe (*SL*)
- ein Kapitel (Kapitel 10) über Textsorten.

Jedes der thematischen Kapitel (1–8) enthält:
- authentische Texte bzw. Textauszüge unterschiedlicher Textsorten
- mindestens einen literarischen Text
- Übungen zum Textverständnis
- mündliche Übungen
- schriftliche Übungen
- kontextbezogene Grammatikübungen
- Aufgaben, die Schülern die Gelegenheit geben, typische Charakteristiken bestimmter Textsorten genauer kennenzulernen, um diese dann selbst zu schreiben
- Aufgaben zur Vorbereitung auf die schriftlichen und die mündlichen Prüfungen
- Hinweise auf relevante Verbindungen zu anderen Teilen des *IB*-Programms, wie *TOK*, *Learner Profile* und *CAS*.

Das Kapitel über die Schriftliche Aufgabe (*SL*) bereitet die Schüler gezielt auf diesen Teil des *IB*-Diplom-Programms für Deutsch B vor.

Das Kapitel über Textsorten gibt Vorlagen für die im *IB*-Programm aufgelisteten Textsorten sowie Checklisten, die Schülern systematisch dabei helfen sollen, eigene Texte auszuarbeiten. Im Schülerbuch gibt es außerdem ein Arbeitsblatt (S. 315), das als Basis für die systematische Textanalyse verwendet werden kann. Im Lehrerbuch befindet sich dieses Arbeitsblatt auf S. 108.

Im Buch verwendete Terminologie und Symbole

Die *IB*-Terminologie für Sprache B wird überwiegend ins Deutsche übersetzt. Allerdings werden einige Kernausdrücke in der englischen Originalsprache belassen, wie z. B. *SL/HL* und *TOK*.

Schüler und Schülerinnen werden durchgehend der Einfachheit halber als „Schüler" bezeichnet; das Gleiche gilt auch für alle anderen Bezeichnungen, die es in maskuliner und femininer Form gibt.

Dieses Symbol im Lehrerbuch bezeichnet eine eher für *HL*-Schüler geeignete Aufgabe.

Dieses Symbol im Lehrerbuch verweist auf Empfehlungen und Anregungen zur Vorgehensweise bei bestimmten Übungstypen. Diese befinden sich hier im Vorwort auf den folgenden Seiten.

Dieses Symbol weist auf Beziehungen zur *TOK* hin.

Dieses Symbol weist auf Beziehungen zum *CAS*-Programm hin.

Wie benutzt man das Buch?

Es gibt keine vorgeschriebene Reihenfolge, in der man die Kapitel behandeln soll. Sie sollten den Kurs so planen, wie es dem Niveau und den Interessen der Schüler entspricht.

Es ist nicht notwendig, alle Kapitel im Buch durchzuarbeiten. Es ist auch nicht notwendig, die gewählten Kapitel ganz durchzuarbeiten. Man kann nach Bedarf Teile auslassen (z. B. die literarischen Texte sind vorwiegend – aber nicht ausschließlich – für *HL*-Schüler vorgesehen).

Wir haben in den Kapiteln jeweils einige zentrale Fragen ausgesucht, während es Ihnen als Lehrer überlassen wird, die hier behandelten Aspekte zu vertiefen oder durch andere zu erweitern. Es gibt auch inhaltliche Berührungspunkte zwischen Aspekten in verschiedenen Kapiteln, da die Themenbereiche des *IB* breit gefächert sind und sich überschneiden.

Die Grammatikübungen sind als Wiederholungsübungen gedacht. Sie sind nicht allumfassend und nicht dazu gedacht, Grammatikbücher bzw. -unterricht zu ersetzen.

Was befindet sich im Lehrerbuch?

Das Lehrerbuch enthält:

- Lösungen bzw. Lösungshilfen für alle Übungen

- Hinweise, wie man die spezifischen Übungen und Aufgaben angeht

- Vorschläge zur Vertiefung bzw. Ergänzung einzelner Übungen

- eine Kopiervorlage zur Analyse der Textsortenvorlagen.

Im Folgenden gibt es auch allgemeine Hinweise zur Vorgehensweise bei bestimmten Übungstypen.

Textverständnis

Die Aufgaben zum Textverständnis sind im Einklang mit den Erwartungen und mit den verschiedenen Frageformaten der *IB-Paper-1*-Prüfung konzipiert. Die Textarbeit eignet sich auch zur Verbesserung und Erweiterung von Wortschatz und Stil. Die Texte stellen ein Thema vor und bilden die Basis für nachfolgende mündliche und schriftliche Übungen, sowie für die Besprechung der Grammatik.

Mündliche Übungen: Fotos

Bei der individuellen mündlichen Prüfung müssen Schüler ein Referat über ein vorher nicht gesehenes Foto geben und dann an einer weiterführenden Diskussion teilnehmen. Das Schülerbuch enthält bewusst eine Vielfalt von Fotos sowohl zu den Kern- als auch den Wahlthemen. Die Fotos bieten Ihnen die Möglichkeit, das Referat im Unterricht mit den Schülern zu üben. Dies sollte nicht nur bei Wahlthemen geschehen, sondern auch bei den Kernthemen, um den Wortschatz, der zur Reflexion eines Fotos benötigt wird, und die Einbindung des Fotos in die Besprechung eines Themas zu üben.

Beim Referat sollten die Schüler versuchen, das Foto so ausführlich wie möglich zu beschreiben und dabei die Relevanz zum Thema und zum deutschsprachigen Raum zu erklären. Folgende Schritte bzw. Ansätze sind möglich:

- Mit der Klasse werden vorbereitende Wortschatzübungen zum Thema bearbeitet.

- Die Schüler bereiten individuell ein Referat zu einem Foto vor.

- In Vierergruppen werden Referate gehalten und von den Mitschülern kommentiert.

- Die anderen in jeder Gruppe haben auch die Gelegenheit, im Anschluss an das Referat Fragen zum Foto oder zum Thema zu stellen.

- Am Schluss kann man dann in der Klasse die Ergebnisse der Gruppendiskussionen besprechen.

- Wenn Sie als Lehrer während der Gruppenarbeit herumgehen, um auftauchende Vokabellücken, Grammatikfehler und andere Sprachprobleme zu notieren, können Sie anschließend gezielt geeignete Übungen gestalten.

Mündliche Übungen: Diskussionen

Wie Sie Diskussionen angehen, kommt auf das Klassenprofil an und hängt auch davon ab, wie viel Zeit Sie der Aufgabe widmen möchten. Diskussionen im Plenum und in Kleingruppen oder Paaren sollten dem Klassenprofil angepasst und in immer wieder neu formierten Gruppen geübt werden. Wenn Sie eine Diskussion in kleineren Gruppen organisieren, ist es ratsam, in jeder Gruppe einen Protokollführer zu ernennen.

Es gibt bei Gruppenarbeit verschiedene Vorgehensweisen, um sicher zu gehen, dass in der Klasse alle Aspekte bearbeitet werden, z. B.:

- pro Gruppe nur bestimmte Aspekte diskutieren
- den Ausgangspunkt der Diskussion zwischen den Gruppen variieren
- Aspekte auf Karten schreiben und für jede Gruppe mischen lassen
- bei der Diskussion jedem Aspekt ein Zeitlimit auferlegen.

Nach der Gruppenarbeit kann man als Klasse die Diskussion zusammenfassen und versuchen, Schlüsse zu ziehen. Je nach Bedarf können Sie sich dann auch mit auftauchenden Vokabellücken, Grammatikfehlern und anderen Sprachproblemen befassen.

Mündliche Übungen: Rollenspiele

Rollenspiele haben auch außersprachliche Ziele, unter anderem:

- dass die Schüler sich in unterschiedliche Rollen hineinversetzen können und lernen, verschiedene Standpunkte zu vertreten
- dass die Schüler Kritikfähigkeit und Entscheidungsvermögen entwickeln
- dass die Schüler zu der Erkenntnis kommen, dass viele gut gemeinte Entscheidungen auch negative Konsequenzen haben können.

Wichtig bei Rollenspielen ist:

- dass die Schüler ausreichend Vorbereitungszeit haben, um ihre Rollen einzustudieren
- dass auch bei kleineren Gruppen verschiedene Meinungen vertreten sind
- dass die Schüler mithilfe von Notizen sprechen und keinen vorgefertigten Text vorlesen
- dass jede Rolle zu Wort kommt – es wäre zum Beispiel ratsam, dass in der Anfangsphase der Reihe nach jeder Teilnehmer eine Minute bekommt, um sich und seinen Standpunkt vorzustellen
- dass die Schüler auch die anderen Rollen ansehen und relevante Fragen vorbereiten, damit eine Diskussion entsteht.

Bei vielen Rollenspielen gibt es auch mögliche Varianten und Erweiterungsvorschläge. Nicht alle sind für jedes Rollenspiel geeignet.

- Ein Schüler in jeder Gruppe könnte (falls relevant) die zusätzliche Rolle eines Journalisten einnehmen und der Diskussion folgen, um hinterher eine Berichterstattung zu geben (vielleicht als Radio- oder Fernsehbericht konzipiert).
- Ansonsten kann eine Hauptfigur die Argumente am Ende zusammenfassen und vor der Klasse präsentieren.
- Wenn am Ende die Gruppen verschiedene Kompromissvorschläge haben, wäre das Anlass zur weiteren Diskussion in der Klasse und zur Klassenabstimmung.
- Die Diskussionsergebnisse wären auch Anlass zur schriftlichen Bearbeitung in Form eines Aufsatzes, oder auch in einer anderen geeigneten Textform (z. B. Leserbrief, Blogeintrag, Flugblatt, Interview mit einem Teilnehmer, Zeitungsbericht).
- Man kann auch einige Rollenspiele von Anfang an mit der ganzen Klasse angehen, wozu man aber zusätzliche Rollen braucht.

Schriftliche Übungen: Checklisten

Bei vielen schriftlichen Übungen geht es darum, die Schüler auf die Textsorten vorzubereiten, die in *Paper 2* bzw. in der Schriftlichen Aufgabe vorkommen. Die Schüler werden bei diesen Übungen auf die Vorlagetexte und die Checklisten in Kapitel 10 hingewiesen.

Wenn Sie es für nützlich halten, können Sie in der Vorbereitungsphase für die schriftliche Übung die entsprechende Checkliste mit der Klasse besprechen. Ansonsten sollten die Schüler diese Checkliste bei und nach dem Schreiben zur Kontrolle benutzen.

Sie können die Checkliste auch als Übungsvorlage nehmen: Nachdem die Schüler eine erste Fassung geschrieben haben, können sie mit einem Mitschüler ihre Entwürfe vergleichen und gegenseitig kontrollieren bzw. kommentieren.

Schriftliche Übungen: der Aufsatz bzw. die Stellungnahme

Bei *SL-Paper 2* wird eine schriftliche Aufgabe gestellt, zu der 250–400 Wörter beschrieben werden sollen. Eine der möglichen Textformen ist der Aufsatz. Diese Aufgabe bezieht sich zwar auf die Wahlthemen, aber Sie sollten auch bei den Kernthemen die Gelegenheit wahrnehmen, dies zu üben, besonders auch weil sich die Themenbereiche überschneiden.

Bei *HL-Paper 2* fehlt der „Aufsatz" auf der Liste der möglichen Textformen. Dafür gibt es bei der *HL*-Prüfung einen zweiten Teil: die Stellungnahme. Hier soll der Schüler eine Argumentation von 150–250 Wörtern als Antwort auf ein kurzes Zitat bzw. eine kurze Aussage schreiben. Diese Stellungnahme bezieht sich auf die Kernthemen. Im Prinzip handelt es sich bei dieser Aufgabe also um einen etwas kurz gehaltenen Aufsatz.

Einige schriftliche Übungen im Buch sind als Stellungnahme gestaltet. Sie können solche Aufgaben natürlich für *SL*-Schüler verwenden, die dann einen richtigen Aufsatz schreiben. Es ist auch möglich, für *SL*-Schüler konzipierte Aufsatzaufgaben den *HL*-Schülern zusammen mit einem passenden Zitat als Stellungnahme zu präsentieren.

Hinweis: Bei der Bewertung sind die Kriterien für Aufsatz und für Stellungnahme nicht ganz gleich. Es empfiehlt sich hier wie anderswo, die Bewertungskriterien aus dem *Language B Guide* mit den Schülern zur Bewertung von Leistung im Unterricht heranzuziehen, sie genauer zu besprechen und dabei die Erwartungen des Kurses zu verdeutlichen. Hier können Sie auch gelegentlich als Erweiterungsaufgabe die Schüler bitten, die eigene Aufgabe oder die von Mitschülern anhand der Kriterien zu bewerten. Dies veranschaulicht die Kriterien und fördert das genauere Verständnis.

Das Internet

Heutzutage ist das Internet fast unentbehrlich als Informationsquelle, ob für Sie als Lehrer bei der Suche nach passendem Unterrichtsmaterial oder für den Schüler als Recherche- oder Nachschlageinstrument. Viele der Texte in diesem Buch stammen zum Beispiel aus dem Internet. Man muss aber Vorsicht walten lassen, wenn man Hyperlinks an die Schüler weitergibt. Viele Internetseiten sind nur kurzlebig und können auch über Nacht verschwinden. Aus diesem Grund haben wir es auch weitgehend vermieden, Hyperlinks zu zitieren.

In Bezug auf das Internet sollten Sie auch den Schülern einschärfen, dass es nicht akzeptabel ist, längere Textauszüge von einer Internetseite zu kopieren und dann als eigene Arbeit zu deklarieren. Solche Plagiate werden bei Prüfungsarbeiten schwer bestraft.

Wir hoffen, dass die Schüler bei der Arbeit mit diesem Buch Freude daran haben, die deutsche Sprache anzuwenden und ihre Kenntnisse zu vertiefen. Das Buch soll dabei als Fenster zur deutschsprachigen Welt dienen. Wir wünschen Ihnen und Ihren Schülern viel Spaß bei der Arbeit mit *Deutsch im Einsatz* und natürlich viel Erfolg bei der *IB-Diplom*-Deutsch-B-Prüfung.

Katrin Fox

Alan Marshall

Conny Brock

Sophie Duncker

1. Kommunikation und Medien

Einheiten	Fernsehen: die Macht des Publikums	**S. 11**
	Kino mal auf Deutsch	**S. 14**
	Werbung: Spaß, Verdummung oder Manipulation	**S. 16**
Aspekte	Die Rolle des Publikums früher und heute	
	Zuschauerhit Castingshow: eine kritische Betrachtung des weltweiten Phänomens	
	Filmgenres, deutsches Kino und deutsche Stars	
	Mechanismen der Werbung	
Lernziele · **Textsorten**	Interview	
	Filmrezension	
Sprache	Relativpronomen	
	Passiv	
Die *IB*-**Ecke**	Mündliche Einzelprüfung	
	Mündliche interaktive Prüfung	
	TOK	

Fokus dieses Kapitels sind Kommunikation und Medien, ihre Bedeutung und Auswirkungen auf unsere Gesellschaft und das tägliche Leben.

Thematische Schwerpunkte

- Rolle und Einfluss des Publikums, besonders in Bezug auf das Phänomen Castingshows

- Deutschsprachiges Kino, Filmgenres und das Verfassen einer Filmrezension sowie Diskussion von Wolfgang Beckers Kassenschlager „Good Bye, Lenin!"

- Diskussion über Werbung: Hilfsmittel oder Manipulation? Wie funktioniert Werbung, insbesondere Werbesprache, und worauf muss man bei der Erstellung einer Werbeanzeige achten?

> # Fernsehen: die Macht des Publikums

Fokus dieser Einheit sind Fernsehkultur und Publikum. Wir konzentrieren uns auf das weitverbreitete Phänomen Castingshows, da dieses Format in den meisten Ländern vertreten und bekannt ist, und untersuchen, worin der Erfolg dieses TV-Formats begründet liegt. Das Publikum spielt in diesem Kontext eine besondere Rolle, weshalb wir mit einer allgemeinen Betrachtung des Medienpublikums beginnen.

Einstieg S. 10

- Die Zuschauer sorgen für die Einschaltquoten, sind treue Anhänger bestimmter Sendungen, kreieren Websites, kümmern sich um Fanmagazine usw. Wenn die Quoten niedrig sind, wird die Sendung abgesetzt – über die Quote wird das Schicksal der Sendung bestimmt.

- Das Publikum hat einen gewissen Einfluss auf die Fernsehprogramme, die letztendlich produziert und gesendet werden. Wenn die Zuschauer ein Fernsehgenre mögen, bleiben sie dabei und schauen diese Sendungen. Darauf können sich die Fernsehsender einstellen.

- Hier können unterschiedliche Meinungen erwartet werden. Sicherlich werden beim jüngeren Publikum Musikprogramme und Unterhaltungssendungen als Favoriten genannt; beim älteren Publikum eher Dramen, Seifenopern (auch beim jüngeren Publikum), Nachrichten und Dokumentationen.

An das Publikum

Textverständnis S. 11

Von den Schülern wird keine tiefgründige Gedichtanalyse erwartet, sondern Gedanken und Meinungen. Individuelle Meinungen werden hier geäußert – schwächere Schüler haben allenfalls Probleme mit dem antiquierten Deutsch und brauchen vielleicht Hilfe mit der Sprache, bevor die Fragen diskutiert werden können. Trotz der Entstehungszeit des Gedichts sollten die Schüler erkennen, dass die Medien und insbesondere das Publikum und dessen Anspruchslosigkeit und Gleichgültigkeit schon damals kritisiert wurden.

- Hier geben die Schüler ihren ersten Eindruck von dem Gedicht wieder. Die Fragen werden im Detail später wieder aufgegriffen. Es wird Kritik an der Gesellschaft der damaligen Zeit mit Bezug auf die Bereiche der Medien und Politik geübt. Diejenigen, die das Medienprogramm planen, sagen, die Menschen wollen anspruchslose Sendungen anstatt anspruchsvoller. **Erweiterung:** Welche Sendungen erscheinen den Schülern heutzutage anspruchslos?

- Es handelt sich um eine rhetorische Frage, bei der keine Antwort erwartet wird. Man fühlt sich persönlich angesprochen und es hat eine appellartige Wirkung.

- Auf den ersten Blick kritisierte Tucholsky hier die Situation in den Medien. Unterschwellig kritisierte er aber auch die Begeisterung und Kritiklosigkeit der Massen für die aufstrebende nationalsozialistische Partei (unter ihnen auch viele seiner Schriftstellerkollegen).

- Das Gedicht über die Anspruchslosigkeit der Menschen ist auf verschiedenen Ebenen hochaktuell – wenn man das Fernsehangebot betrachtet oder auch die Politik. Heutzutage gibt es viele qualitativ fragwürdige TV-Formate. Schlechte Drehbücher und vor allem die unzähligen Castingshows sind eher fragwürdiger Natur.

Erweiterung: Die Schüler reflektieren zur Rolle der Medien: Bildung, Information oder Unterhaltung – was ist am wichtigsten?

Zur Diskussion S. 11

Hier sind individuelle Meinungen zu erwarten, aber der Großteil der Schüler dürfte mit Tucholskys Aussage übereinstimmen. Dieses Zitat bezieht sich auf die Informationen über Tucholsky und sein öffentliches Bekenntnis gegen die Nazis. Es sollte hier aber auch allgemeiner betrachtet werden. Es gibt den Schülern die Gelegenheit, über Mitläufertum zu reflektieren, sowie über die Schwierigkeit, sich zum Anderssein zu bekennen. Die Schüler sollten ihre Meinung begründen und Beispiele aus ihrem Alltag nennen, z. B. wie schwer es ist, jemandem zu helfen, der von anderen fertiggemacht wird.

Einstieg S. 12

Alle Fotos zeigen Situationen, die mit Castingshows zu tun haben.

- Die Schüler tragen verschiedene Meinungen und Erfahrungen mit Castingshows zusammen. In den meisten Ländern existieren Ableger von „X Factor", „Superstar" und „Pop Idol", aber auch weniger bekannte Formate können zusammengetragen und diskutiert werden.

- Den Kandidaten solcher Shows bietet sich die Chance, im Rampenlicht zu stehen und bekannt zu werden, und dem Gewinner winkt eine, wenn auch zumeist kurzlebige, Karriere. Nachteile sind: negative Presse, Fremdbestimmung durch die Produktionsfirma und später die Plattenfirma; Kandidaten sind austauschbar; Gewinner ist nicht immer der, der das größte Talent besitzt, sondern oft der mit der größten Medientauglichkeit; weniger begabte Kandidaten werden oft dem Spott des Publikums und der Medien ausgesetzt.

- Für die Zuschauer sind Castingshows unterhaltsam und eine leicht verdauliche TV-Kost. Die Zuschauer können sich mit den Kandidaten identifizieren und sich über andere lustig machen.

- Die Sendungen sind billig und am Fließband produzierbar; hohe Einschaltquoten; willige Kandidaten.

- Die Schüler tragen verschiedene Meinungen und Gründe für eine Teilnahme oder Nicht-Teilnahme zusammen.

- Er hatte recht, da es heute leichter denn je scheint, schnell – wenn auch nur für kurze Zeit – berühmt zu werden.

Castingshows – Fluch und Segen zugleich

Textverständnis S. 15

SCHRITT 1
1 **L**, 2 **E**, 3 **N**, 4 **G**, 5 **F**, 6 **A**, 7 **J**, 8 **O**, 9 **I**, 10 **H**

SCHRITT 2

11 **Richtig** (Viele Teenager träumen davon.)

12 **Richtig** (haben mich nach der Sendung eher belächelt)

13 **Falsch** (Doch nicht jedem … geht es um die Musik.)

14 **Falsch** (Gerade junge Leute glauben, eine Castingshow sei der kürzeste Weg, reich und berühmt zu werden.)

15 **Richtig** (Ihnen allen rät Woinoff zur ehrlichen Selbstanalyse.)

16 **Richtig** (Wer in die Öffentlichkeit geht, werde nicht nur positives Feedback bekommen.)

SCHRITT 3

17 Der Tagesablauf wird von der Plattenfirma bestimmt.

18 Man hat keine Kontrolle darüber, wie man in der Öffentlichkeit dargestellt wird.

19 Die Wahrscheinlichkeit ist groß, lächerlich gemacht zu werden.

20 Man sollte sich von Freunden auf Popstartauglichkeit prüfen lassen.

21 Junge Leute sollten auf keinen Fall ihre Ausbildung für eine Teilnahme an einer Castingshow abbrechen.

22 Man sollte sich mit Menschen umgeben, die es ehrlich mit einem meinen.

23 Man braucht seine Familie und die alten Freunde weiterhin und sollte sie nicht fallen lassen.

SCHRITT 4

In der Zeile ...	bezieht sich das Wort ...	auf ...
24 <u>der</u> an einer Castingshow teilnimmt (Z. 19)	„der"	jedem
25 <u>Die</u> sind sicher keine Fachleute (Z. 35)	„die"	Freunde
26 <u>denen</u> man vertraut (Z. 47)	„denen"	Menschen

SCHRITT 5

27 **B**, 28 **E**, 29 **C**

SCHRITT 6

Castingshows	
Fluch	**Segen**
Kandidaten bekommen nicht nur positives Feedback.	Castingshows bieten neuen Talenten die Chance, entdeckt zu werden.
Man verliert seine Unabhängigkeit – Fremdbestimmung durch die Produktionsfirma.	Sie haben einen immensen Unterhaltungsfaktor.
Der große Erfolg stellt sich nur selten ein.	Sie sorgen regelmäßig für Rekordeinschaltquoten.
Untalentierte Teilnehmer ernten häufig Spott und Häme der Öffentlichkeit.	Man kann Erfolg und Geld bekommen.
Die Kandidaten sind austauschbar.	Man kann seine Träume verwirklichen.
Der Erfolg ist nur kurzlebig.	Man lernt neue Leute kennen.
Man ist abgestempelt, wird von anderen in der Branche nicht mehr für voll genommen.	
Castingshows verdrängen qualitativ bessere Sendungen, die jedoch niedrigere Einschaltquoten haben – Verdummung des Publikums.	

Grammatik unter der Lupe: Relativpronomen

S. 18

SCHRITT 1

Mit einem **Relativpronomen** wird ein Nomen, ein Substantiv, näher beschrieben. Das Relativpronomen steht direkt hinter dem Nomen. In der deutschen Sprache gibt es männliche, weibliche und sächliche Relativpronomen sowie die Pluralform. Der Kasus (Nominativ, Akkusativ, Genitiv oder Dativ) des Relativpronomens ist vom Verb im Nebensatz abhängig. So haben alle Beispielsätze Relativpronomen im Nominativ, weil diese die Subjekte der Nebensätze sind.

1 Maskulinum

2 Femininum

3 Neutrum

4 Plural

SCHRITT 2

1 Kandidaten, die auf eine schnelle Karriere hoffen, müssen mit Kritik und Rückschlägen rechnen.

2 Jo Groebel, der Medienexperte ist, empfiehlt eine Ausbildung als Plan A.

3 Martin Kesici, der schon immer Rockstar werden wollte, wurde nach seinem Sieg von vielen Freunden in der Musikbranche belächelt.

4 Finalistin Meike, die bei den anderen Kandidaten als Außenseiterin gilt, will als erfolgreiche Sängerin durchstarten.

5 Der Psychologe Stephan Woinoff, der die Wichtigkeit der Familie als Rückenstärkung betont, rät zu einer ehrlichen Einschätzung des eigenen Talents.

Weiterdenken S. 19

- Sie sind sowohl Richter als auch Mittel zur Unterhaltung, da jeder Juror eine besondere Rolle spielt – den Bösewicht, die verständnisvolle Mutterfigur, den Entertainer usw.

- Neben musikalischer Fähigkeit zählen auch Medientauglichkeit, interessante Persönlichkeit, Aussehen usw. Viele Kandidaten werden verspottet und auch ausgebeutet. Sie werden in bestimmte Rollen gezwängt – die zickige Diva, der schüchterne Mädchenschwarm, der Ausgeflippte usw., aber viele Jugendliche werden von der Produktionsfirma mit dem Versprechen auf eine Karriere gelockt.

- Es gibt eine Vielzahl von Gründen: der Unterhaltungsfaktor, der Gedanke des Wettbewerbs, Mitfiebern, das Miterleben der Entwicklung der Teilnehmer, gemeinsames Fernsehen z. B. als Gruppe von Freunden oder Familie. „Fremdschämen" bedeutet, dass man sich für das Verhalten einer anderen Person schämt. In Castingshows gibt es oft Situationen, bei denen man als Beobachter peinlich berührt ist.

- Die Schüler reflektieren hier abschließend über das Thema.

Schriftliche Übung S. 19

Die Schüler sollten mithilfe der Checkliste auf S. 347 des Schülerbuches einen **Schülerzeitungsartikel** anfertigen, der ausführlich auf die Vor- und Nachteile von Castingshows eingeht. Hierbei greifen sie auf den Inhalt des Artikels und ihre Diskussionen zurück. Die Erfahrungen des Mitschülers, der auch Ex-Teilnehmer ist, sollten ebenfalls angesprochen werden.

Mündliche Übung S. 20

Dieses Rollenspiel kann mit bis zu acht Teilnehmern ausgeführt werden. Falls die Lerngruppe kleiner ist, können Rollen auch unbesetzt bleiben, es ist aber wichtig, dass zumindest jeweils ein Für- und ein Gegensprecher in Bezug auf Castingshows zu Wort kommen.

Erweiterung: Die Diskussionsergebnisse können auch schriftlich in Form eines Aufsatzes oder einer Rede ausgearbeitet werden.

Kino mal auf Deutsch

Diese Einheit behandelt den deutschsprachigen Film. Die Schüler wissen vielleicht nicht viel über deutsche Filme, es sei denn, sie sind besonders an ausländischen Filmen interessiert. Deshalb wollen wir hier dieses Thema näher betrachten und ihnen eine Chance geben, einige Filme nach dem eigenen Geschmack zu recherchieren.

Einstieg S. 22

Die Schüler sollten ermutigt werden, die Genres aus den Bezeichnungen zu erschließen. Es lohnt sich aber das Genre „Drama" genauer zu besprechen, weil dieses mit der Bedeutung in anderen Sprachen nicht immer übereinstimmt. Die Schüler sollten keine Probleme haben, nicht deutschsprachige Filme für die Filmgenres zu finden und dies auch entsprechend zu begründen.

Zur Diskussion S. 23

Hier werden erste deutsche Filmhits vorgestellt, älteren sowie auch neueren Datums. Wenn die Schüler die Filme nicht kennen, sollten sie ermutigt werden, aus deren Namen das Genre zu erschließen. Danach können sie das Internet zur Hilfe nehmen und auch etwaige Annahmen auf deren Richtigkeit überprüfen.

Filmtitel	Genre
Männerherzen	Komödie
Die Päpstin	Historienfilm
Der kleine Eisbär	Zeichentrickfilm
Nosferatu	Horrorfilm
Die verlorene Ehre der Katharina Blum	Literaturverfilmung
Bang Boom Bang	Actionfilm
Olympia	Dokumentarfilm
Das Boot	Kriegsfilm
Die Wolke	Katastrophenfilm, Literaturverfilmung

Zur Diskussion `S. 23`

Da den Schülern wahrscheinlich nur wenige der deutschen Filme bekannt sind, sollten sie als Nächstes einige deutsche Filme im Internet recherchieren und dabei unter anderem das Genre herausfinden. Sie können danach in der Klasse weitere Filmtitel und deren Genre zusammentragen.

Wortschatz `S. 24`

Hier beschäftigen sich die Schüler aktiv mit neuem Vokabular, das sie später beim Lesen der Texte oder beim Schreiben einer Filmrezension verwenden können. Wichtige Wörter sind nicht nur auf der linken Seite, sondern auch in den Definitionen enthalten.

1 **F**, 2 **G**, 3 **A**, 4 **I**, 5 **J**, 6 **H**, 7 **C**, 8 **E**, 9 **D**, 10 **B**
Erweiterung: Sie können mit den Schülern gemeinsam eine Liste zum Filmvokabular erstellen.

Wortschatz `S. 24`

Hier werden einige Wörter aus der vorherigen Übung aktiviert. Außerdem lernen Schüler wichtige Ausdrucke für eine Filmbesprechung kennen.

positive Filmkritik	negative Filmkritik
Ein Meisterwerk!	Es herrscht gähnende Leere!
Der Überraschungshit des Jahres!	Die Charaktere sind unglaubwürdig.
Aufrüttelnd!	Die Handlung ist vorhersehbar.
Fesselnd!	Unterstes Niveau!
Franka Potente in einer Paraderolle!	Der Film wird dem Buch nicht gerecht.
Ein wahres Vergnügen!	Lächerlich!
Einer der besten Filme des Jahres!	Die Schauspieler sind völlig fehlbesetzt.
Die Leistung der Hauptdarsteller ist besonders erwähnenswert.	Bleiben Sie zu Hause!
	Langatmig!
	Sparen Sie das Geld!
	Ein Flop!

Interview mit Daniel Brühl (Alex)

Textverständnis `S. 26`

SCHRITT 1
1 **F**, 2 **A**, 3 **B**, 4 **C**, 5 **E**

SCHRITT 2

6	**C.** beides	11	**B.** interessiert
7	**A.** ohne	12	**C.** Urteil
8	**B.** stattdessen	13	**A.** Eindruck
9	**C.** bereitet	14	**B.** Vernunft
10	**B.** zusagt		

SCHRITT 3
15 **H**, 16 **K**, 17 **A**, 18 **E**, 19 **B**, 20 **G**, 21 **C**, 22 **D**, 23 **F**, 24 **N**

Good Bye, Lenin!

Textverständnis S. 29

SCHRITT 1

1. 1. Teil (Z. 1–20): **A**, **B**, **C**, **E**, **F**
2. 2. Teil (Z. 21–37): **D**, **E**, **F**
3. 3. Teil (Z. 38–55): **B**, **C**

SCHRITT 2

In der Zeile ...	bezieht sich das Wort ...	auf ...
4 Der Film lässt noch einmal all <u>jene</u> zu Wort kommen (Z. 26–27)	„jene"	die Menschen, für die die Wende zu spät kam
5 Unaufhaltsam kriecht <u>sie</u> durch die Ritzen (Z. 44– 45)	„sie"	die Wirklichkeit
6 bis er <u>ihn</u> mit einer selbstgebastelten Rakete Richtung Mond schießt (Z. 52– 54)	„ihn"	den Traum vom Sozialismus

SCHRITT 3

7. Es bedeutet das Ende des Sozialismus mit der Wiedervereinigung Deutschlands.

8. Er spielt im Jahr 1990, die Zeit der Wende in Deutschland.

Weitere Informationen: Im Film bekommt man noch einen Einblick in das Leben in der DDR kurz vor dem Mauerfall.

9. Er richtet in seiner 79 m² Plattenbauwohnung alles so ein, wie es in der DDR war.

10. Er sorgt sich um seine Mutter. Sie hatte einen Herzinfarkt und darf sich deshalb nicht aufregen. Sie kann sonst einen Rückfall bekommen.

11. Bestimmte ostdeutsche Produkte, z. B. Spreewälder Gewürzgurken, gibt es nicht mehr in Supermärkten. Stattdessen sieht man überall Westprodukte, z. B. die neuen Nachbarn haben einen Plüschlampenschirm in Pink, den es in der DDR nicht gegeben hätte, und auf den Straßen sieht man Westautos.

12. Der Film zeigt auch die „Verlierer" der Wiedervereinigung, all jene, die überzeugt an die DDR und den Sozialismus glaubten und sich für den Staat einsetzten.

13. Ihr Urteil ist definitiv positiv. Sie macht viele lobende und positive Aussagen, z. B.: „Wolfgang Becker ist mit seinem Film ein wunderbares Schelmenstück gelungen"; „Doch wie bei jeder wirklich guten Komödie ist der Stoff eigentlich zutiefst tragisch", und sie erwähnt viele Szenen des Films, die sie beeindruckt haben.

Erweiterung: Sie könnten den Film mit Ihren Schülern schauen und sie dann weitere positive Phrasen hinzufügen lassen.

Schriftliche Übung S. 30

Die Schüler verfassen zwei Filmkritiken: eine positive und eine negative Rezension. Die Checkliste für diese Textsorte ist auf S.343 des Schülerbuches zu finden. Die Schüler sollten dabei auch die vorher geübten Begriffe und Phrasen für eine begeisterte Kritik und einen Filmverriss einbeziehen. Die angeforderten Aspekte wie Handlung, Darsteller, Filmszenen und eine Bewertung sollten in beiden enthalten sein. Einer der beiden Filme sollte aus dem deutschsprachigen Raum stammen.

> *Werbung: Spaß, Verdummung oder Manipulation?*

Diese Einheit behandelt Werbung. Hier haben Schüler die Chance, verschiedene Interpretationen der Funktion der Werbung kennenzulernen und diese kritisch zu betrachten, um selbst ihre eigene Meinung weiterzuentwickeln.

Einstieg S. 31

Die meisten Antworten sind persönlicher Natur. Wenn Meinungen ausgedrückt werden, sollte man die Schüler dazu anhalten, sie zu begründen.

Reklame

Textverständnis **S. 33**

Um beim Textverständnis zu helfen, sollte das Gedicht vor der gemeinsamen Besprechung der Fragen in der Klasse laut vorgelesen werden. Ein Schüler liest die normal geschriebenen Verszeilen, ein zweiter liest die kursiven Zeilen.
(Die Differenzierung dazwischen wird in Frage 2 unten analysiert.) Die Schüler sollten darauf aufmerksam gemacht werden, dass die Substantive der zweiten Stimme fast ausschließlich klein geschrieben sind – die einzige Ausnahme bildet der Begriff der „Traumwäscherei".

1 **A**

2 Es handelt sich in dem Gedicht um zwei verschiedene Sprecher. Die erste Stimme artikuliert die Zweifel und Ängste der Gesellschaft („Wohin gehen wir?", „Was sollen wir tun?"). Die zweite, in Kursiv gedruckte Stimme gibt die tröstenden Worte und Versprechen der Werbung, um diese Gedanken zu beruhigen.

3 Der Tod wird kurz zuvor erwähnt, worauf die Werbung keine beruhigende Floskel weiß.

4 Dieser Begriff ist negativ zu interpretieren. Es erinnert an eine Zusammensetzung aus Traumfabrik und Gehirnwäsche. Beide Wörter werden oft in Beschreibungen oder Kritik von Werbung verwendet. Das erstere hat eher positive, das zweite negative Konnotationen.

5 Werbung wird als leeres Versprechen, als Lüge, als Scheinwahrheit beurteilt.

Zur Diskussion **S. 33**

1 **D**, 2 **F**, 3 **B**, 4 **A**, 5 **C**, 6 **E**

Erweiterung: Wählen Sie drei oder vier unterschiedliche deutschsprachige Werbeanzeigen wählen – aus dem Internet oder aus Zeitschriften – und besprechen Sie eine der Werbeanzeigen als Beispiel im Plenum. Die Schüler sollten diese Anzeige zuerst beschreiben und dann die folgenden Fragen beantworten:

* Was meinen Sie, an welche Zielgruppe richtet sich diese Werbung?

* An welches Bedürfnis der Konsumenten appelliert diese Werbeanzeige?

* Wie ist die Sprache in dem Werbeplakat?

* Wie ist die Werbeanzeige aufgebaut/gestaltet?

Die Fragen werden tabellenartig aufgegliedert. Die Schüler sollten die unten stehende Tabelle übernehmen und darin ihre Ergebnisse eintragen. Das Beispiel bezieht sich auf eine Werbeanzeige für Make-up.

Werbung	Zielgruppe ...	... und deren Bedürfnis	Sprache	Gestaltung
Beispiel Eine Make-up-Werbeanzeige, in deren Mittelpunkt eine hübsche, gut geschminkte Frau steht	Frauen	möglichst gut auszusehen	Adjektive: glanzvoll, verführerisch – sogenannte Hochwertwörter, die das Produkt als einzigartig darstellen	eine hübsche, gut geschminkte Frau, deren makellosen Beispiel – mithilfe des Make-ups – Kundinnen nacheifern sollten
1				
2				
3				

Diskutieren Sie anschließend mit den Schülern, wie Werbung funktioniert. Einige Diskussionspunkte finden Sie auf S. 18.

Werbung funktioniert als Gesamtsumme der obigen Faktoren:

- Zielgruppe und Bedürfnisse identifizieren und wirksam ansprechen

- das Produkt mit einschlägigen Werbeslogans sprachlich unterstützen und anpreisen (Alliterationen, Neologismen, Adjektive/Komparative/Superlative, Fremdwörter usw.)

- Werbeplakate gestalten, die sofort die Aufmerksamkeit des Kunden auf sich ziehen.

Für weitere Informationen über Werbestrategien sollten sich interessierte Schüler über das AIDA-Modell informieren, das bekannteste Modell der Werbewirkung, das nach den folgenden Prinzipien funktioniert: A = Attention, I = Interest, D = Desire, A = Action.

Die Macht der Werbung – oder das Märchen vom bösen Wolf

Textverständnis S. 35

SCHRITT 1
1 **A** (zuerst scheint **C** die richtige Antwort zu sein),
2 **A**, 3 **B**

SCHRITT 2
4 Damals schnellten angeblich durch heimliche Manipulation Verkaufszahlen in die Höhe. Dies sollte Beweis dafür sein, dass das Kaufverhalten von Personen direkt beeinflusst wurde.

5 Es war erlogen.

6 Er wollte Kunden für sein Unternehmen anwerben.

7 Die versteckte Botschaft „Call me" wurde in einer Fernsehsendung eingeblendet. Zuschauer behaupteten danach, hungrig oder durstig zu sein, vielleicht weil sie den alten Versuch kannten und etwas Ähnliches erwarteten.

8 Menschen haben den freien Willen und sie können frei entscheiden. Die Werbung zwingt sie nicht zum Konsum.

Grammatik unter der Lupe: das Passiv S. 36

SCHRITT 1
Der Unterschied besteht darin, dass bei Beispiel A, dem Aktiv, die Person im Mittelpunkt steht, aber beim zweiten Beispiel, dem Passiv, die Tätigkeit wichtig ist, nämlich dass die leckere Schokolade gegessen wird.

1 **Das kleine Mädchen isst** die leckere Schokolade: Aktiv/handelnde Person

2 **Die leckere Schokolade wird** vom kleinen Mädchen **gegessen**: Passiv/Tätigkeit

SCHRITT 2
1 Viele Produkte aus der Werbung werden von den Menschen gekauft.

2 Die Bedürfnisse vieler Konsumenten werden durch die Werbung beeinflusst.

3 Die Geschichte von James Vicarny wurde von vielen Menschen geglaubt.

4 Die versteckten Botschaften wurden von den Teilnehmern des kanadischen Experiments falsch interpretiert.

5 Die eigentliche Botschaft „Call now!" ist von ihnen nicht gesehen worden.

6 Viele Menschen sind vom Autor nach ihrer Meinung über Werbung gefragt worden.

Das Wort Objekt bezieht sich in diesem Kontext auf alles „nicht Menschliche", kann also ein Tier, eine Pflanze, ein Ding oder ein Konzept sein. Es ist wichtig sicher zu stellen, dass die Schüler diesen Unterschied verstehen und nicht denken, dass es sich um ein Objekt aus der Syntax handelt, z. B. ein Akkusativobjekt.

Weiterdenken

S. 37

TOK **VORWORT**

- Viele Schüler sind wahrscheinlich markenbewusst und werden mehrere nennen können. Sie sollten merken, dass dieses Bewusstsein auch aus der Werbung stammt. Es sollte hier hinterfragt werden, ob Markenware so teuer sein muss bzw. sollte. Höhere Qualität und Image können beide als Gründe besprochen werden.

- Die Schüler sollten die Werbung nennen, eventuell auch beschreiben können, zumindest das angepriesene Produkt. Sie sollten ihre Wahl begründen können.

- Diese Frage bezieht sich auf die provokante Benetton-Werbekampagne der 90er Jahre (HIV-Infizierte, Todesstrafe, Krieg, ölverschmierte Tiere). Hier werden sich die Geister scheiden – einige Schüler werden diese Art von Werbung abstoßend und abschreckend finden, und das natürlich auch begründen, andere Schüler erkennen aber auch den aufklärerischen Wert der Werbung.

- Schüler können sicher einige Beispiele nennen. Es sollte hinterfragt werden, ob diese indirekte Werbung fraglich oder gar unehrlich ist.

- Positiver Einfluss: aufklärerische Kampagnen über Verhütung, Aids, Gewalt usw.; negativer Einfluss: Zigaretten, Alkohol.

- Hier dürften unterschiedliche Reaktionen zu erwarten sein.

Schriftliche Übung

S. 37

CAS **VORWORT**

Das Interview mit dem Werbetexter über den Einfluss von Werbung auf Jugendliche sollte sich an der Checkliste zu dieser Textsorte auf S. 337 des Schülerbuches orientieren und inhaltlich negative und positive Punkte betrachten. Hierbei können sowohl die Informationen des Artikels als auch Aspekte aus der vorhergehenden Diskussion der Schüler aufgegriffen werden. Da es sich um ein Jugendmagazin und die Werbebranche handelt, könnten die Schüler sowohl die Sie- als auch die Du-Form für das Interview verwenden. Allerdings sollten sie darauf achten, dass durchweg die gleiche Form verwendet wird.

Schriftliche Übung

S. 37

CAS **VORWORT**

Die Schüler sollten eine optisch ansprechende und aussagekräftige Werbeanzeige für ein selbstgewähltes Produkt gestalten. Sprachliche Besonderheiten wie Imperative, rhetorische Fragen, Fremdwörter, Neologismen und Reime sollten verwendet werden.

Erweiterung: Diese Anzeigen könnten schön gestaltet und als Klassenausstellung aufgehängt werden. Besprechen Sie die Plakate gemeinsam mit den Schülern. Welche halten sie für besonders effektiv, und warum? Welche Mittel wurden verwendet?

2. Globale Fragen

Einheiten	**Die Welt ist global**	**S. 21**
	Der Mensch als Konsument	**S. 22**
	Der Mensch in der Natur	**S. 26**
	Der Mensch und seine Mitmenschen	**S. 29**
Aspekte	Die Wechselbeziehungen der Globalisierung Die globalen Auswirkungen unserer Konsumgesellschaft Ursachen und Auswirkungen der heutigen Umweltprobleme Migration, Asyl und das Ausländerdasein	
Lernziele **Textsorten**	Formeller Brief Stellungnahme Aufsatz Gedicht	
Sprache	Zeit- und Gradadverbien Satzaufbau – Ursache und Wirkung, Kontrast, Konzession Satzaufbau – Temporale Textmerkmale	
Die *IB*-Ecke	Mündliche interaktive Prüfung Mündliche Einzelprüfung *TOK* *CAS*	

In diesem Kapitel geht es um verschiedene Aspekte der Globalisierung und die verschiedenen Auswirkungen auf das tägliche Leben.

Thematische Schwerpunkte

- Die allgemeinen Wechselbeziehungen der Globalisierung, um den Schülern einen Überblick über die weite Bandbreite des Themas zu geben

- Die Konsumgesellschaft, mit spezifischem Fokus auf Fair-Trade-Produkte. Die Schüler setzen sich mit den Auswirkungen von alltäglichen Handlungen und Entscheidungen auseinander.

- Umweltfragen, insbesondere in Hinsicht auf die Probleme im Alpenraum. Dadurch sollen die Schüler ermuntert werden, nicht nur über allgemeine Umweltprobleme nachzudenken, sondern auch über die realen Entscheidungen, mit denen Alpenbewohner konfrontiert werden.

- Die Situation von Migranten und Asylbewerbern im deutschsprachigen Raum. Dieses kontroverse Thema wird bewusst provokativ angegangen, damit Schüler angeregt werden, ihre Meinungen zu äußern.

> *Die Welt ist global*

Diese Einheit gibt einen kurzen Überblick zum Thema Globalisierung. Man kann auch natürlich einzelne Aspekte tiefer behandeln, je nach Interesse der Schüler.

SCHRITT 2

Die Komplexität des Themas wird auch dadurch gezeigt, dass es keine richtigen/falschen Antworten gibt. Die Frage nach positiven/negativen Einflüssen soll zu einer regen Diskussion führen.

Beispiel – Erdbeeren ganzjährig

- Folge der Konsumgesellschaft, denn Konsumenten fordern Obstsorten außerhalb der Saison

- Unter wirtschaftlichen Aspekten bedeutet das höhere Umsätze.

- Konsequenzen für die Umwelt: Es sind Langstreckentransporte oder künstliche Zuchtmethoden vor Ort notwendig. Es wäre umweltfreundlicher, auf Erdbeeren in den Wintermonaten zu verzichten.

- Negative Konsequenzen für Individuen: Die einzelnen Bauern leiden

Je nach Zeiteinteilung und Klassenprofil könnte man diese Fragen als ganze Klasse debattieren oder auch zuerst in kleineren Gruppen. Die Gruppen könnten dann ihre Meinungen und Schlussfolgerungen vor der Klasse vorstellen, entweder informell oder in Form eines Referats.

SCHRITT 3

Bei der Diskussion können andere Beispiele hinzugezogen werden: Autokonzerne, McDonalds, Energiekrisen, Migration usw.

Einstieg

S. 40

Diese Übung soll die Vielseitigkeit und Komplexität des Begriffs vor Augen führen.

SCHRITT 1

Die Beispiele lassen sich unter anderem den folgenden Aspekten zuordnen:

Aspekt	Bereich
der Euro	Politik, Wirtschaft, Staaten, Unternehmen, transnationale Konzerne
die US-Fernsehserie „Die Simpsons"	Kommunikation, Kultur, Amerikanisierung
Arbeitslosigkeit in „westlichen" Ländern	Wirtschaft, Konsum, Staaten, Unternehmen, Individuen, Technologie, digitale Revolution
Smartphones	Kommunikation, Konsum, Individuen, Technologie, digitale Revolution
Containerschiffe	Wirtschaft, Kommunikation, Konsum, Staaten, Unternehmen, transnationale Konzerne, Technologie
Urlaub auf den Malediven	Umwelt, Konsum, Individuen, Technologie
Eisbären in Gefahr	Umwelt, Staaten, Organisationen, Individuen
Starbucks	Konsum, Unternehmen, Individuen, transnationale Konzerne, Amerikanisierung
finanzielle Deregulierung	Politik, Wirtschaft, Staaten, Unternehmen, digitale Revolution, transnationale Konzerne

Zur Diskussion `S. 42`

Die Schüler können das Quiz entweder zuerst allein oder auch zu zweit oder in kleinen Gruppen machen. Nicht nur die Fragen, sondern auch die Antworten können zur Diskussion anregen.

1 **B**, 2 **D**, 3 **D**, 4 **B**, 5 **D**, 6 **A**, 7 **C**, 8 **B**, 9 **D**, 10 **A**

Zu Frage 10: Das Bruttoinlandsprodukt misst den Gesamtwert von Waren und Dienstleistungen in einem Land und beschreibt damit die wirtschaftliche Leistungsfähigkeit des Landes.

Weiterdenken `S. 43`

Die darauffolgende Diskussion soll die Meinungen und Reaktionen der Schüler zum Ausdruck bringen. Dabei sollen sie aber auch versuchen, die nach dem Quiz aufgelisteten „nützlichen Ausdrücke" zu verwenden.

Die Weltumrundung der Jeans

Der Text ist ein Schülerbeitrag zu einer Beilage der österreichischen Zeitung „Die Presse". Zum Zeitpunkt der Veröffentlichung dieses Buches war der Text auch bei http://haksifotos.blogspot.co.at/2011/06/finalisieren-der-berichte.html vom Autor vorgelesen zu hören. Hier sind auch andere Schülerbeiträge zum Thema Fair Trade zu finden. Es wird aber nicht empfohlen, diese Aufnahme den Schülern vorzuspielen, es sei denn, Sie wollen ihnen vorführen, wie ein offensichtlich **vorgelesener** Text sich anhört. Es könnte dann als abschreckendes Beispiel dienen.

Textverständnis `S. 45`

1 **C** (von Indien nach China)

2 **F** (von Deutschland nach Polen)

3 **D** (von Deutschland nach Taiwan)

4 **B** (von der Schweiz nach China)

5 **H** (von Schweden auf die Philippinen)

6 **A** (von Österreich in die Niederlande)

7 **I** (von Polen auf die Philippinen)

8 **M** (von Frankreich nach Polen)

9 **J** (von Griechenland nach Österreich)

10 **L** (von China nach Taiwan)

11 **G** (von den Niederlanden nach Afrika)

12 **K** (von den Philippinen nach Griechenland)

Weiterdenken `S. 45`

Diese mündliche Übung ist als abschließende Gruppenarbeit gedacht. Wie bei der Einstiegsaufgabe oben, könnten die Gruppen dann ihre Meinungen und Schlussfolgerungen vor der Klasse darlegen, entweder informell oder formell in Form eines Referats.

Es ist bei solchen Diskussionen vielleicht ratsam zu betonen, dass es keine „richtigen" Meinungen gibt und dass man bei Globalisierungsfragen oft viele verschiedene Faktoren abwägen muss. Hauptsache ist, man kann seine Meinungen überzeugend ausdrücken und begründen oder gute Beispiele geben.

Mündliche Übung `S. 45`

Hier wird die Gelegenheit geboten, die Diskussion formell und individuell als Referat abzuschließen und damit für die interaktive mündliche Prüfung zu üben. Hier haben Sie die Gelegenheit, die Bewertungskriterien für diesen Teil der Prüfung mit den Schülern zu diskutieren.

> *Der Mensch als Konsument*

Fokus dieser Einheit ist die Konsumgesellschaft. Dabei stehen Fair-Trade-Produkte im Mittelpunkt. Schüler werden dazu ermuntert, kritisch über Konsumfragen zu reflektieren und mögliche Lösungen aus der Perspektive des Einzelnen und der Gesellschaft zu bewerten. Der Druck verschiedener Interessensgruppen wird dargestellt, wobei Schüler womöglich ihr Verständnis dafür vertiefen, dass Lösungen auch Konsequenzen haben.

Einstieg `S. 46`

Diese Aufgabe ist als allgemeiner Einstieg in das Thema konzipiert. Die Schüler werden zuerst nach den eigenen Meinungen gefragt und sollen diese dann mit anderen vergleichen.

Weiterdenken `S. 46`

Hier sollen die Schüler darüber nachdenken, welche Faktoren für sie beim Einkaufen wichtig sind, und diese Faktoren dann je nach Wichtigkeit einstufen. Die Aufgabe dient auch als Vorbereitung auf die nachfolgende Grammatikübung.

Grammatik unter der Lupe: Adverbien

S. 47

Die Adverbien, die hier vorgestellt werden, dienen dazu, Meinungen differenzierter auszudrücken. Den Schülern soll es klar werden, dass einfache „schwarz-weiß"-Meinungen selten ausreichen. Diese Adverbien helfen, Antworten auf Fragen nach „Wie oft?" und „Wie sehr?" zu differenzieren.

Die Aufgabe ist zweiteilig. Es ist nützlich, den ersten Teil zu besprechen, bevor die Schüler am zweiten Teil arbeiten.

SCHRITT 1

Zeitadverbien		Gradadverbien	
ab und zu	regelmäßig	überhaupt nicht	teilweise
ständig	häufig	unheimlich	höchst
gelegentlich	selten	nicht allzu	vollkommen
von Zeit zu Zeit	hin und wieder	besonders	auf keinen Fall
normalerweise	kaum*	ziemlich	wenig
		völlig	gar nicht
		einigermaßen	gewissermaßen
		absolut	ganz**
		kaum*	

SCHRITT 2

Nun entscheiden die Schüler, wohin die Ausdrücke auf der Skala gehören.

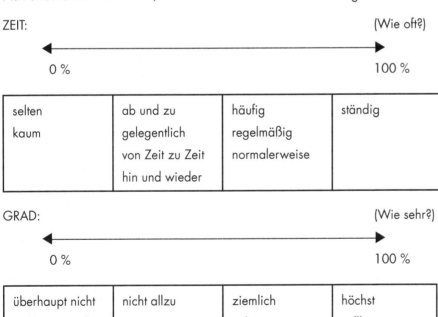

ZEIT: (Wie oft?)

0 %   100 %

selten	ab und zu	häufig	ständig
kaum	gelegentlich	regelmäßig	
	von Zeit zu Zeit	normalerweise	
	hin und wieder		

GRAD: (Wie sehr?)

0 %   100 %

überhaupt nicht	nicht allzu	ziemlich	höchst
auf keinen Fall	wenig	teilweise	vollkommen
gar nicht	kaum*	gewissermaßen	völlig
		einigermaßen	absolut
		ganz**	unheimlich
			besonders
			ganz**

* *Kaum* wird mit beiden Bedeutungen benutzt.

** *Ganz* hat zwei Bedeutungen – „ziemlich" und „völlig" – und sollte deshalb mit Vorsicht benutzt werden.

Weiterdenken `S. 48`

Diese Diskussionsfragen geben den Schülern die Gelegenheit, die obigen Adverbien in der Praxis zu benutzen. Man kann auch die vorige Weiterdenken-Aufgabe wiederholen, um die Ausdrücke zu üben.

Diese Aufgabe rückt auch ethischen Konsum, Bioprodukte und Fair Trade weiter in den Mittelpunkt.

Einstieg `S. 48`

Diese Frage nach der Auswahl an Fair-Trade-Produkten dient als Einleitung zum nachfolgenden Text. Die Antwort ist: alle. Man kann an dieser Stelle kurz die Erfahrungen der Schüler in Bezug auf solche Fair-Trade-Produkte diskutieren, bevor man den Text liest.

Was ist Fair Trade?

Der Text stammt aus einem Schülerblog aus Schleswig-Holstein. Das Link am Ende des Textes führt zu einer kurzen Videoreportage über Kinderarbeit auf Kakaoplantagen an der Elfenbeinküste, die zuerst vom deutschsprachigen Sender 3sat gezeigt wurde.

Es wird aber **nicht** beabsichtigt, dass die Schüler diesem Link folgen – er dient eher als typisches Textmerkmal für einen Blog, worauf auch im Prüfungstipp hingewiesen wird.

Die Organisation Fair Trade weist übrigens darauf hin, dass es keine Statistiken gibt, die die Behauptung im Text stützen, dass die Knochen der Kinder so stark verformt sind. Zusätzlich möchte die Organisation betonen, dass sie nicht „garantieren" kann, dass keine Kinder auf den Plantagen arbeiten, aber dass sie systematisch dagegen kämpft.

Textverständnis `S. 50`

SCHRITT 1
1 **B**, 2 **C**, 3 **B**, 4 **D**

SCHRITT 2
5   Eine Familie (sie sind Familienbetriebe).

6   Der Vater (löst die Bohnen vom Baum).

7   Kinder sind billigere Arbeitskräfte.

8   Man soll danach fragen.

SCHRITT 3
9 **D**, 10 **J**, 11 **M**, 12 **G**, 13 **B**, 14 **A**, 15 **E**

Wussten Sie das? Schoko-Schocks `S. 51`

Die hier erwähnten Statistiken dienen zur Vertiefung des Themas und können aus dieser Perspektive diskutiert werden. Sprachlich bietet sich die Gelegenheit an, Zahlen und damit verbundene Ausdrücke wie *über*, *ungefähr*, *mehr als* zu üben.

Fair Trade: zwei Fallstudien

GEPA ist die Gesellschaft zur Förderung der Partnerschaft mit der Dritten Welt. Ihr Hauptsitz ist in Wuppertal. Die GEPA fördert faire Handelsbeziehungen weltweit und ist für den Vertrieb vieler Fair-Trade-Produkte in Deutschland zuständig. Auf ihrer Website sind mehrere Fallstudien wie die beiden hier veröffentlichten. Das Thema Fair Trade wird hiermit auf das Gebiet des Sports erweitert.

Die zwei Fallstudien befassen sich mit dem Leben in Sialkot, einem Dorf in Pakistan und Zentrum der Weltfußballproduktion. Die Übungen zum Textverständnis beginnen mit den Lücken im zweiten Text, über Sabur.

Textverständnis `S. 53`

SCHRITT 1
1   **A.** einzige

2   **D.** überleben

3   **B.** Beim

4   **B.** können

5   **A.** denn

6   **C.** normalerweise

7   **A.** bezahlen

8   **D.** wäre

SCHRITT 2
9   Sabur (die neunköpfige Familie); bei Roma gibt es neun Kinder in der Familie

10   Roma (ins Frauennähzentrum)

11   beide (fast das Doppelte/fast doppelt so viel)

12   Roma (finanziert … den Schulbesuch ihrer Geschwister)

13   Sabur (seine Frau)

14   beide

SCHRITT 3

15 **Falsch** (was so leicht aussieht, erfordert eine Menge Übung und Konzentration)

16 **Falsch** (Ihr Vater verdient als Schmied …)

17 **Richtig** (Roma hofft … ihre Geschwister sollen einmal Ärzte, Lehrerinnen und Manager werden)

18 **Richtig** (beim islamischen Opferfest musste er sich Geld leihen …/das traditionelle Festessen …)

19 **Falsch** (Letzten Monat … 80 Prozent/Wenn ich nur noch faire Fußbälle nähen würde …)

Schriftliche Übung S. 54

Diese Aufgabe baut auf der Thematik der vorangegangenen Lesetexte auf. Bei der Aufgabe ist Folgendes zu beachten:

- Die nachfolgende Übung zur Stilistik könnte auch als Vorbereitungsübung besprochen werden.

- Es handelt sich hierbei um die Textsorte **Formeller Brief** von *Paper 2*. Diese Textsorte wird im Schülerbuch näher beschrieben.

- Es werden zwei verschiedene Fragen angeboten, damit die Schüler eine Wahl haben. Sie können aber auch verlangen, dass Schüler beide Briefe schreiben.

- Die Aufgabe ist für *SL* und *HL* gleich, obwohl die Bewertungskriterien etwas anders sind. Näheres hierzu findet man im *Language B Guide*.

- Es gibt auf S. 326 des Schülerbuches ein Vorlagebeispiel für den formellen Brief und eine Checkliste dazu.

Stilistische Übung S. 55

Diese Aufgabe behandelt die Frage des angemessenen Stils in Bezug auf einen formellen Brief. Die Schüler sollen entscheiden, ob die Sätze in so einem Brief angemessen wären, und, wenn nicht, Alternativen vorschlagen.

Bei den unangemessenen Sätzen sind die hier angegebenen Alternativen nur Vorschläge.

1 **Nein** Können Sie sich so etwas vorstellen? (Solche rhetorischen Fragen haben auch in einem formellen Brief ihren Platz, aber nicht die informelle Du-Anrede und auch nicht die abgekürzte Form *was für etwas*.)

2 **Ja**

3 **Ja**

4 **Nein** Ich wäre enttäuscht, wenn … (*Ich glaube, ich werde wahnsinnig* ist viel zu umgangssprachlich.)

5 **Nein** Die Kinder arbeiten den ganzen Tag lang hart und bekommen nicht einmal etwas Richtiges … (*schuften* ist umgangssprachlich, und man sollte abgekürzte Formen wie *mal* und *was* vermeiden.)

6 **Ja**

7 **Nein** Sie sollten etwas tun, bevor …, Ich fordere Sie auf/bitte Sie, etwas zu tun, bevor … (Man sollte die informelle Du-Anrede und abgekürzte Formen vermeiden.)

8 **Ja**

Wussten Sie das? Faire und unfaire Fakten S. 55

Wie bei den vorherigen Statistiken in dieser Einheit dienen diese zur Vertiefung des Themas und können aus dieser Perspektive diskutiert werden. Sprachlich bietet sich die Gelegenheit an, Zahlen und damit verbundene qualifizierende Ausdrücke wie *über*, *unter*, *schätzungsweise* zu üben.

Mündliche Übung S. 56

Die Aufgabe dient als Vorbereitung für die interaktive mündliche Prüfung.

Wichtig dabei ist,

- dass die Schüler ausreichende Vorbereitungszeit haben, um ihr ausgewähltes Thema zu recherchieren,

- dass die Schüler mithilfe von Notizen sprechen und keinen vorgefertigten Text vorlesen,

- dass die Schüler auch relevante Fragen stellen, damit eine Diskussion entsteht,

- und dass in der Diskussionsphase möglichst viele zu Wort kommen.

Damit alle die Gelegenheit bekommen, ein Referat zu halten, wird diese Aufgabe wahrscheinlich über mehrere Unterrichtsstunden verteilt werden müssen.

Schriftliche Übung S. 56

Bei *HL-Paper 2* fehlt „Aufsatz" in der Liste der möglichen Textformen. Dafür gibt es bei der *HL*-Prüfung einen zweiten Teil: die **Stellungnahme**. Diese Textsorte wird im Schülerbuch näher beschrieben. Die Aufgabe eignet sich also insbesondere für *HL*-Schüler, obwohl Sie den Titel auch als Aufsatzthema für *SL*-Schüler betrachten könnten. In dem Fall müssten Sie aber wahrscheinlich etwas Hilfe bzw. Beratung anbieten.

Näheres zu den Bewertungskriterien für die Stellungnahme findet man im *Language B Guide*. Es wäre ratsam, die Kriterien mit den Schülern zu besprechen.

Der Mensch in der Natur

Fokus dieser Einheit ist die Umwelt. Dabei stehen zuerst globale Umweltprobleme im Mittelpunkt, dann wird der Schwerpunkt Klimawandel und dessen Auswirkungen auf den Wintertourismus im deutschsprachigen Alpenraum behandelt. Schüler werden dazu ermuntert, kritisch über Umweltfragen zu reflektieren und mögliche Lösungen aus der Perspektive des Einzelnen und der Gesellschaft zu bewerten. Meinungen verschiedener Interessensgruppen werden dargestellt, damit Schüler sehen können, dass Lösungen auch Konsequenzen haben.

Einstieg   S. 57

 VORWORT

Die Fotos repräsentieren vier verschiedene aber miteinander verbundene Aspekte globaler Umweltprobleme: Der Klimawandel in den Alpen, Autoabgase und CO_2-Emissionen, schmelzende Polareiskappen und Abholzung gehören alle in den Themenbereich der globalen Erwärmung. Die Fragen sollen in Gruppen diskutiert werden, bevor man dann als gesamte Klasse das Thema bespricht. Man sollte vorher mit der Klasse Tipps zur Bildbesprechung diskutieren, besonders in Bezug auf die mündliche Einzelprüfung, und eventuell relevante Vokabelübungen machen.

Hinweis: Im Laufe dieser Einheit gibt es weitere Fotos, die eventuell für eine ähnliche mündliche Besprechung geeignet sind.

Grammatik unter der Lupe: Satzverbindungen (1)   S. 58

Hier geht es um kausale Satzverbindungen. Um die Satzpaare richtig zu erkennen, müssen die Schüler die Bedeutung der Sätze und auch die bindenden Ausdrücke verstehen. Letztere sind hier **fett gedruckt**.

1   **D.** Der Tourismus ist sehr wichtig für die Wirtschaft in den Alpen und **deshalb** hat man viel Geld in Skiorte investiert.

2   **F.** Weltweit steigen die Temperaturen und **aus diesem Grund** gibt es nicht so viel Schnee in den Bergen.

3   **H.** Weitere **Folgen** des Temperaturanstiegs **sind** Lawinen und schmelzende Gletscher.

4   **C.** Einige Skigebiete müssen sogar aufgegeben werden und **dies verursacht** Arbeitslosigkeit in den Dörfern.

5   **I.** Junge Leute finden in den Dörfern oft keine Arbeit und **darum** verlassen sie ihre Heimat.

6   **J.** Der Mangel an Schnee **bedeutet, dass** man immer mehr Schneekanonen benutzt.

7   **A.** Die Schneekanonen brauchen **so viel** Wasser, **dass** man neue Speicherseen graben muss.

8   **E.** Andere Skigebiete werden höher verlagert und **als Folge davon** muss man die Infrastruktur neu aufbauen.

9   **B.** Neue Straßen werden gebaut und **das führt zu** mehr Autoabgasen.

10 **G.** Die Wälder werden für Liftanlagen und Pisten abgeholzt und **deswegen** werden Tiere aus ihrer Heimat vertrieben.

Wussten Sie das? Kalte Tatsachen   S. 58

Die hier erwähnten Statistiken dienen zur Vertiefung des Themas und können aus dieser Perspektive diskutiert werden. Sprachlich bietet sich die Gelegenheit an, Zahlen und damit verbundene qualifizierende Ausdrücke wie *durchschnittlich, schon, rund* zu üben.

Alpen unter Druck

Dieser Text aus Schweizer Perspektive behandelt das Thema Klimawandel in Bezug auf die Bergwelt klar und gründlich. Die Aufgaben zum Textverständnis verteilen sich über die drei Textabschnitte. Deswegen bietet es sich an, die Textarbeit zu vereinfachen, indem man sie in drei Schritten angeht.

Hinweis: Hier wird die Schweizer Schreibweise verwendet, d. h. anstatt ß wird durchgehend *ss* benutzt.

Textverständnis `S. 60`

SCHRITT 1
1 **B**, 2 **D**, 3 **C**

SCHRITT 2
4 **Richtig** (zur Zersiedelung beigetragen)

5 **Richtig** (Ein Umdenken hat schon stattgefunden.)

6 **Falsch** (In den letzten Jahren nahm der motorisierte Verkehr stetig zu.)

7 **Richtig** (Der Bund fördert ... die Verlagerung auf den Schienenverkehr.)

8 **Falsch** (zwei Drittel ... in städtischer Umgebung)

SCHRITT 3
9 **F**, 10 **I**, 11 **H**, 12 **L**, 13 **K**, 14 **N**, 15 **C**

SCHRITT 4
16 **C.** Dieser

17 **J.** welches

18 **A.** die

19 **F.** es

20 **I.** Sie

Das Fotopaar mit Fragezeichen neben Schritt 4 erklärt sich hoffentlich selbst. Es bietet wieder eine Gelegenheit zur Bild- und Themenbesprechung.

Grammatik unter der Lupe: Satzverbindungen (2) `S. 62`

Im zweiten Teil der Grammatik in dieser Einheit geht es darum, Kontrast, Gegensatz und Konzession durch adverbiale Bindewörter, Präpositionen und Konjunktionen auszudrücken. Bei den Adverbien können die Beispiele noch erweitert werden.

SCHRITT 1
Bei diesen fünf Sätzen sind manchmal Alternativen möglich.

1 Allerdings/Dennoch

2 trotzdem/dennoch

3 hingegen/dennoch/trotzdem

4 allerdings/dennoch

5 Andererseits/Allerdings/Dennoch/Hingegen

SCHRITT 2
Bei dieser Übung wird der Unterschied zwischen Präposition (*trotz*), Adverb (*trotzdem*) und Konjunktion (*obwohl*) hervorgehoben.

1 obwohl

2 trotz

3 Trotzdem

4 Obwohl

5 Trotz

SCHRITT 3
1 Trotz ihrer Erfahrung fand sie die neue Piste schwierig.

2 Obwohl er eine E-Mail geschickt hat, hat das Hotel ihm ein Zimmer ohne Blick auf die Alpen gegeben.

3 Trotz der Verletzung wollte er immer noch Snowboard fahren.

4 Obwohl es teuer war,/Obwohl es viel gekostet hat, haben sie eine Familienkarte gekauft.

5 Trotz seiner Lage am Dorfrand ist das Hotel sehr populär.

Weiterdenken `S. 63`

Bei dieser mündlichen Übung geht es darum, Umweltfragen in den Alpen näher zu untersuchen, in kleineren Gruppen zu diskutieren, und sie aus verschiedenen Perspektiven zu sehen. Dies dient auch als Vorbereitung für das nachfolgende Rollenspiel. Ermuntern Sie Ihre Schüler, sich so viel wie möglich auszudenken. Es gibt in Kapitel 10 auf S. 336 ein Interview mit einem Tourismuswissenschaftler zum Thema „sanfter Tourismus" – Tourismus im Einklang mit der Natur. Dort sind auch mehrere Ideen und Anregungen zu finden.

Nach der Gruppenarbeit sollte man als Klasse Schlüsse aus der Diskussion ziehen. Sie sollten sich mit auftauchenden Vokabellücken, Grammatikfehlern und anderen Sprachproblemen befassen, bevor das nachfolgende Rollenspiel beginnt.

Mündliche Übung

VORWORT

Dieses Rollenspiel kann man so gestalten, wie es im Buch steht, oder auch der Klasse bzw. der verfügbaren Zeit anpassen. Wenn die Schüler die vorherigen Lesetexte und die vorbereitenden Diskussionsübungen gemacht haben, sollten sie genug Ideen haben, um inhaltlich zu den verschiedenen Rollen beitragen zu können.

Varianten und Erweiterungsvorschläge

- Ein Schüler in jeder Gruppe könnte die zusätzliche Rolle eines Journalisten annehmen und der Diskussion folgen, um hinterher eine Berichterstattung zu geben (vielleicht als Radio/Fernsehbericht konzipiert).

- Ansonsten kann der Bürgermeister die Argumente am Ende zusammenfassen und vor der Klasse präsentieren.

- Wenn man dieses Rollenspiel von Anfang an als gesamte Klasse angeht, braucht man zusätzliche Rollen. Einige Vorschläge folgen.

---

9 Petra Freund, 16-jährige Tochter von Frau Freund, im Urlaub im Dorf

- findet die Umwelt wichtig, hat aber wenige konkrete Vorstellungen.
- ist sehr sportlich und will auch im Urlaub neue Sportarten ausprobieren.
- findet das Dorf etwas langweilig.
- fühlt, dass ihre Interessen im Urlaub oft von den Eltern ignoriert werden.
- ist sehr diskussionsfreudig und hat wenig Respekt vor der Autorität.

---

10 Karl Stein, Ökoaktivist

- wohnt im Nachbardorf auf einem Biobauernhof.
- wünscht sich mehr Gelegenheiten, die eigenen Bioprodukte zu verkaufen.
- findet, dass die Grenzen des Tourismus schon überschritten sind.
- will mehr Investitionen in Umweltschutzmaßnahmen.
- findet, dass Taten mehr sagen als Worte.

---

11 Franz Bachmann, Automechaniker

- betreibt eine kleine Autowerkstatt im Dorf.
- mehr als die Hälfte seiner Kundschaft sind Urlauber.
- verdient auch nebenbei am Skilift als Mechaniker.
- seine Frau arbeitet im Restaurant im Sporthotel.
- hat einen Sohn, der nächstes Jahr mit der Schule fertig wird.

---

12 Frau Koch, Pensionsbesitzerin

- betreibt mit ihrem Mann seit zehn Jahren eine kleine Pension im Dorf.
- legt viel Wert bei ihren Gästen auf „Urlaub im Dorfidyll".
- sieht das Sporthotel als unerwünschten Konkurrenten.
- leidet an fallenden Gästezahlen.
- möchte ihre Zukunft durch neue Gemeindeinitiativen sichern.

---

13 Frau Grünbach, Gemeinderätin

- ist seit fünf Jahren im Gemeinderat.
- findet, dass man Alternativen zum traditionellen Skitourismus fördern soll.
- glaubt, dass man private Investoren im Dorf braucht.
- hat Verständnis für die Sorgen der Umweltschützer.
- glaubt, dass man mehr Druck auf die Landesregierung ausüben sollte.

---

14 Andreas Urban, 16-jähriger Schüler

- ist mit den Eltern vor einem Jahr hierher gezogen.
- verbringt einen Großteil seiner Freizeit mit Snowboardfahren.
- interessiert sich wenig für Umweltfragen.
- sieht das Sporthotel als die einzige zukunftsträchtige Einrichtung im Dorf.
- möchte in ein paar Jahren zurück in eine Großstadt ziehen.

Schriftliche Übung `S. 66`

VORWORT

Die schriftliche Übung ist hier zweiteilig, um den Anforderungen von *SL* und *HL* gleichzeitig nachzukommen. Die Aufgabe soll dementsprechend den Schülern angepasst werden.

Relevant für *SL-Paper 2* ist Übung 1 – der **Aufsatz**: 250–400 Wörter.

Relevant für *HL-Paper 2* ist Übung 2 – die **Stellungnahme**: 150–250 Wörter.

Die erste Aufgabe im Buch ist als Aufsatz gestaltet und die zweite als Stellungnahme. Man kann aber natürlich die zweite als Aufsatzaufgabe stellen und – mit einem passenden Zitat – die erste Aufgabe als Stellungnahme. Die Textsorte **Aufsatz** wird im Schülerbuch näher beschrieben. Checklisten zu beiden sind auf S. 319 des Schülerbuches zu finden.

Zur Bewertung: Bei der Bewertung sind die Kriterien für Aufsatz und für Stellungnahme nicht ganz gleich. Es ist immer ratsam, Bewertungskriterien mit den Schülern zu besprechen.

Näheres hierzu findet man im *Language B Guide*.

Der Mensch und seine Mitmenschen

Fokus dieser Einheit ist das Ausländerdasein. Dabei stehen Asylbewerber und Migranten im deutschsprachigen Raum im Mittelpunkt. Schüler werden dazu ermuntert, kritisch über typische und stereotypische Einstellungen und Verhaltensweisen gegenüber Ausländern zu reflektieren und einen Vergleich mit ihrem Heimatland und mit ihren eigenen Erfahrungen zu ziehen. Am Ende der Einheit werden literarische Texte zu dieser Thematik hinzugezogen.

Einstieg `S. 67`

Als Einstieg in dieser Einheit sollen die Schüler versuchen, die Fakten von den Mythen in Bezug auf Ausländer im deutschsprachigen Raum zu unterscheiden, zuerst allein und dann mit einem Mitschüler. Dieses „Quiz" soll hauptsächlich zum Nachdenken anregen. Die genauen Antworten sind nicht so wichtig. Diese Aufgabe sucht mit der darauffolgenden Aufgabe nach den Gründen für bestimmte Mythen.

1 **Richtig** (2010 waren es 49,9 %)

2 **Falsch** (die Zahl steigt in Deutschland, sinkt aber in Österreich)

3 **Falsch** (bzw. man weiß es nicht – eine solche Zahl kann man nur grob schätzen; die Zahl für Berlin 2010 wurde auf 200.000 geschätzt)

4 **Falsch** (eine Million Gastarbeiter hatte man schon 1964 erreicht)

5 **Richtig** (14,3 % aus Afghanistan)

6 **Richtig** (fast 150.000 in Österreich; und 22.000 Deutsche sind allein 2009 in die Schweiz gezogen)

7 **Falsch** (neuerdings ziehen mehr in die Türkei zurück als neu einwandern)

8 **Falsch** (aus Russland)

9 **Richtig** (fast 10 % aller ausländischen Studenten in Deutschland)

10 **Falsch** (in Österreich sind es Serben)

Weiterdenken `S. 67`

Diese Aufgabe leitet sich aus der vorherigen Einstiegsaufgabe ab. Die Schüler sollen in Gruppen oder auch als gesamte Klasse die Quellen diskutieren, auf denen ihr Wissen und ihre Meinungen zu dieser ganzen Thematik basieren. Man soll auch diskutieren, warum man eventuell einige der obigen Fragen falsch beantwortet hat.

Wie immer bei dieser Thematik sollte man mit der Terminologie vorsichtig umgehen. Es wäre nützlich, die Wortfelder um Asyl, Migranten, Ausländer und Einwanderung mit den Schülern zu besprechen. Dies wurde nicht vorher vorgeschlagen, um die gesuchten „instinktiven" Antworten bei der Einstiegsaufgabe zu erhalten.

Ein anderer sehr guter Einstiegspunkt bei dieser Thematik ist der oscargekrönte deutsche Kurzfilm „Schwarzfahrer" (1992). Der Film läuft nur 12 Minuten und ist leicht im Internet zu finden.

Darf man Säuglinge aus dem Land schicken?

Dieser Text hat einen provokanten Titel, den man vor dem Lesen diskutieren könnte. In der ersten Hälfte des Textes wird die Geschichte der Familie Komani erzählt, während im zweiten Teil das Thema allgemeiner behandelt wird. Dieser zweite Teil ist eher für *HL*-Schüler geeignet.

Dementsprechend beziehen sich die ersten zwei Übungsschritte zum Textverständnis (bis Frage Nr. 5) auf den ersten Teil, und die Schritte 3 und 4 (Frage 7–13) auf den zweiten Teil. Schritt 5 ist eine Frage zur Stilistik und bezieht sich auf die beiden Texthälften.

Textverständnis `S. 69`

SCHRITT 1

1 **D**; 2 **F**; 3 **A**; 4 **E**; 5 **C**; 6 **H**; 7 **G**; 8 **B**

SCHRITT 2

1 **Falsch** (Ihr Geburtsland, den Kosovo ...)

2 **Falsch** (Die Mutter lag ... in einem Wiener Spital.)

3 **Richtig** (verteidigte ... die Amtshandlung ... [sie] sei legitim gewesen)

4 **Richtig** (Widerstand bei der Abschiebung zu erwarten)

5 **Falsch** (werden ... unschuldige Kinder eingesperrt ... finden sich in manchen Zellen ... auch Töpfchen)

SCHRITT 3

6 **Nein**

7 **Ja** (Erfüllungsgehilfen der rechten Scharfmacher ... Rechte Parteien sind in nicht wenigen Staaten Europas im Vormarsch.)

8 **Nein**

9 **Ja** (Die Regierung, die von Zugewanderten Anpassung einmahnt, entledigt sich jener, die bereits integriert sind.)

10 **Ja** (In der ganzen Union wird das Asylrecht stufenweise eingeengt.)

SCHRITT 4

11 Verdacht.

12 Weil sie unterwegs alle Spuren verwischen müssen.

13 Den Anspruch, ein Festland der Freiheit zu sein.

SCHRITT 5

Hier sind einige Beispiele, mit ihren „neutralen" Alternativen in Klammern:

a) Polizeiaktion

- drangen ... ein (betraten)
- der österreichische Staatsapparat (die österreichischen Behörden)
- Die Verwendung des Konjunktivs deutet auch eine kritische Haltung an.

b) Asylpolitik

- reißt Familien auseinander (trennt Familien)
- verlangt Säuglingen ... ab (bittet Säuglinge um .../ erwartet von Säuglingen ...)
- Erfüllungsgehilfen der rechten Scharfmacher (Beauftragten/Vertreter der Rechtsradikalen)

Es gibt viele andere Beispiele, die man nennen könnte, und man kann auch den Stil generell kommentieren.

Grammatik unter der Lupe: Satzverbindungen (3) `S. 70`

In Anschluss an vorige Grammatikabschnitte in dieser Einheit geht es hier wieder um den Satzaufbau, diesmal um temporale Kohäsion. Die Beispiele und Übungen beruhen auf dem ersten Teil des Lesetextes und sind deswegen auch den *SL*-Schülern zugänglich, die sich eventuell nur mit der ersten Hälfte des Textes beschäftigt haben.

SCHRITT 1

1 Bevor die Familie nach Wien kam, hat sie in Steyr gewohnt.

2 Nachdem die Polizei die Kinder aus dem Bett holte/ geholt hatte, sicherte ein Polizist das Zimmer mit einem Sturmgewehr.

3 Nachdem die Mutter einen Nervenzusammenbruch erlitt/erlitten hatte, ist sie ins Krankenhaus gekommen.

4 Nachdem die Familie festgenommen wurde/worden war, ist sie nach Pristina ausgeflogen worden.

SCHRITT 2

Hier sind in manchen Fällen Alternativen möglich. Ermutigen Sie Ihre Schüler beim Schreiben, nicht wiederholt die gleichen Wörter zu benutzen.

1 zuerst/zunächst

2 Dann/Danach usw.

3 dann/danach usw.

4 Hinterher/Nachher/Danach

5 Nach

6 Mittlerweile/Inzwischen usw.

7 nachdem

Schriftliche Übung `S. 71`

Der Liedtext bietet *HL*-Schülern die Gelegenheit, noch einmal eine **Stellungnahme** wie bei *Paper 2* zu schreiben. Die Ausführungen hierzu auf S. 9 dieses Buches sowie die Checkliste auf S. 319 des Schülerbuches sind auch hier relevant.

Der Migrant

Dieser literarische Text stammt von einem Online-Kulturmagazin über Migration und Integration in Deutschland, wo Geschichten, Erzählungen und literarische Texte neben Analysen, Berichten und Reportagen stehen. Der Text ist zwar für *HL*-Schüler gedacht, aber auch unter Umständen *SL*-Schülern zugänglich. Die darauffolgende Diskussionsaufgabe baut zwar auf dem Text auf, kann aber unabhängig davon gemacht werden.

Der Text nimmt ein Thema auf, das im Kapitel 4, **Kulturelle Vielfalt**, noch tiefer behandelt wird.

Textverständnis   `S. 73`

1   Er freut sich darauf, Familie und Freunde wieder zu sehen, und denen zu erzählen, was er alles gesehen und erlebt hat.

2   Diese Zitate aus dem Text sind relevant: „hat große Sehnsucht", „aufgeregt", „kaum vorstellen, wie glücklich", „ein glücklicher Mann, der alles Glück der Welt mit sich trägt".

3   Der Titel „Emigrant" macht ihn heimatlos. Er fühlt sich in seiner Heimat wie ein Fremder, wie ein Gast.

4   Die Schüler werden hier aufgefordert zu belegen, dass er wie zwischen zwei Welten lebt. Dafür sollten sie den Kern der Z. 12–19 in eigenen Worten wiedergeben.

Weiterdenken   `S. 73`

Hier haben die Schüler die Gelegenheit, über die gesamte Thematik dieser Einheit nachzudenken und ihre eigenen Erfahrungen und Meinungen auszutauschen.

In Klassen, in denen mehrere Nationalitäten und Herkunftsländer vertreten sind, sollte man die Gruppen mischen.

Selam Berlin

Der Roman spielt in der Zeit zwischen dem Tag, an dem die Berliner Mauer gefallen ist, und dem 3. Oktober des folgenden Jahres. Der Protagonist versucht, sich zwischen zwei Sprachen, zwei Welten und zwei Traditionen zurechtzufinden, während der Roman durch ihn die Erfahrungen von deutsch-türkischen Berlinern zur Zeit kurz nach dem Mauerfall zeigt.

Textverständnis   `S. 74`

SCHRITT 1

1   **E.** aufgeregt (z. B. „eine Revooooluuutiiion in Beeerliiin!")

2   **D.** beunruhigt (z. B. „zog nervös an seiner Perlenkette" – *bestürzt* ist viel stärker, in Richtung *fassungslos*)

3   **A.** gespannt (z. B. „saß kerzengerade … verfolgte alles" – *aufgeregt* wäre zu stark)

SCHRITT 2

4   **Richtig** (Nach einigen Lichtjahren kam ich dann endlich zu mir und begann langsam zu verstehen …)

5   **Falsch** (Was er selten tat.)

6   **Richtig** (Normalerweise hätte sie es über den Bosporus hinaus geschrien …)

7   **Falsch** (mit den Frauen aus dem deutschen Verein „Die Brücke")

8   **Falsch** (Sie verteidigte heftig ihre runde Figur.)

9   **Richtig** (In Istanbul rastete Baba jedes Mal aus …)

SCHRITT 3
10 **E**, 11 **K**, 12 **N**, 13 **A**, 14 **M**, 15 **G**, 16 **J**

Weiterdenken S. 75

Hier geht es um Meinungen, aber die Meinungen sollen womöglich durch Fakten und Beweise vom Text unterstützt werden. Man kann Argumente dafür und dagegen finden, z. B.:

wer?	dafür	dagegen
Hasan	„Straßen, Plätze, Orte meiner Kindheit"	türkische Kulturbezüge und Referenzen
Baba	nervös bei den Nachrichten; mochte Ordnung, Sicherheit, Sauberkeit, Tüchtigkeit	Perlenkette
Mama	mit den Frauen aus dem deutschen Verein; mochte, dass der Verein gut organisiert war	normalerweise nicht an Nachrichten interessiert; „Ich bin Orientalin"

Mündliche Übung S. 75

Hier steht eine politische Karikatur zur Diskussion. Es handelt sich um die berühmt gewordene Behauptung der deutschen Kanzlerin Angela Merkel aus 2010, dass Multikulti in Deutschland „gescheitert" sei.

Fahr mit mir den Fluss hinunter

Hier wird eine „lyrische" Perspektive zum Thema Ausländer und Mitmenschlichkeit vorgestellt, um den Schülern einen Denkanstoß zu geben und sie eventuell anzuregen, ihre eigenen Gedanken auch in lyrischer Form zu schreiben.

Knut Kiesewetter war vor allem in den 60er und 70er Jahren ein politisch engagierter Liedermacher in Norddeutschland. Das Lied wird wohl auf YouTube zu finden sein.

Textverständnis S. 76

1 **D**, 2 **B**, 3 **C**, 4 **A**, 5 **B**, 6 **C**

7   rot: „roter Mann … toter Mann" (Z. 14) ist eine Anspielung auf die vermeintliche Gefahr des Kommunismus („lieber tot als rot"), zuerst von Joseph Goebbels und dann im Kalten Krieg verwendet.

gelb: die „gelbe Gefahr" (Z. 18) war um die Jahrhundertwende 1900 Ausdruck europäischen imperialistischen Denkens gegenüber ostasiatischen Völkern.

schwarz: das „Joch der Sklaverei" (Z. 22) bezieht sich auf das Schicksal vieler schwarzen Afrikaner.

weiß: der weiße Mensch wird im Lied als „andrer Völker Ausbeuter und Dieb" bezeichnet, in Bezug auf europäischen Kolonialismus seit mehr als 500 Jahren.

Schriftliche Übung S. 77

Beispiele für lockere Sprachregeln in der ersten Strophe sind bei der Wortstellung und bei ausgelassenen Verben zu finden.

Wenn die Schüler freie Wahl in Bezug auf Subjekt (innerhalb der Thematik dieser Einheit) und Form haben, ist es wahrscheinlicher, dass etwas Wertvolles dabei herauskommt. Unterstreichen Sie, dass Gedichte schreiben Spaß machen kann, auch wenn es nicht einfach ist. Das Gedicht kann ganz einfach sein, aber Zweck der Aufgabe ist es, einmal in einer ungewohnten Textform kreativ zu sein. Die meisten Schüler haben mit Gedichten keine Probleme, sondern finden es unterhaltsam, mit Reim und Rhythmus zu experimentieren.

3. Soziale Beziehungen

Einheiten	Was ist der Jugend wichtig?	**S. 34**
	Die digitale Welt: das goldene Zeitalter der „Digital Natives"?	**S. 39**
	Generationenkonflikte	**S. 40**
	Schule: für das Leben lernen?	**S. 42**
	Außerschulische Lebenswelten	**S. 44**
Aspekte	Vorlieben und Werte	
	Jugend und neue Technologien	
	Beziehungen zu Erwachsenen	
	Schulische Lebenswelten	
	Soziales Engagement	
	Vereine	
Lernziele	**Textsorten**	Informeller Brief
		Tagebucheintrag
		Interview
	Sprache	Präpositionen mit Fällen/Artikeln
		Adjektivendungen mit bestimmten/unbestimmten Artikeln
		Vokabular für Diskussionen
		Zeiten: der Gebrauch des Futurs
	Die *IB*-Ecke	Mündliche interaktive Prüfung
		CAS

Fokus dieses Kapitels ist das Heranwachsen im deutschsprachigen Raum sowie die damit verbundenen Möglichkeiten und Herausforderungen.

Thematische Schwerpunkte

- Die Werte und Erwartungen von Jugendlichen und die Herausforderungen, die sie zu meistern haben

- Die Bedeutung von Bezugspersonen/-gruppen und sozialer Integration und deren Einfluss auf die Entwicklung eines Jugendlichen (Beispiele sind Familie, Vereine und soziale Netzwerke)

- Eine kritische Reflexion des Bildungssystems und der Bedeutung von Bildung für den Heranwachsenden

> *Was ist der Jugend wichtig?*

Die Annäherung an die gesellschaftliche Gruppe Jugend über ihre Werte und das, was ihnen wichtig ist, erlaubt es den Schülern, die Lebenswelt junger Menschen in Deutschland besser zu verstehen und mit der eigenen Wirklichkeit und den eigenen Werten zu vergleichen. Es wird deutlich, dass die Identitätsfindung und der Übergang in die Erwachsenenwelt im Kontext von Gesellschaft und Gruppen stattfinden, in denen ein Jugendlicher mit anderen Jugendlichen einen Platz findet. Zukunftswünsche prägen das Handeln genauso wie die gegenwärtige Situation.

Lieblingsdinge

Die Texte und Fotos erlauben den Einstieg in die Lebenswelt von Jugendlichen und einen relativ leichten Zugang zu diesem Thema. Die Texte sind sprachlich zugänglich.

Textverständnis S. 81

SCHRITT 1

Die Tabelle erlaubt es den Schülern, in einem bestimmten Abschnitt – dem Text von entweder Carla, Charlotte oder Laura – nach Informationen zu suchen.

	Positive Erfahrungen/Gefühle	Negative Erfahrungen/Gefühle
Welche Ereignisse werden Carla und die Freundin in der Zukunft zusammenbringen?	Hochzeit Geburt eines Kindes	Tod
Wie reagiert Charlotte auf Erfahrungen?	vor Freude in die Luft springen	vor Wut auf den Boden stampfen weinen
Welche Gefühle beschreibt Laura?	glücklich verliebt verträumt	verzweifelt traurig

SCHRITT 2

Mit anderen Menschen zu kommunizieren/verbunden sein, entweder mit einer bestimmten Person oder mit Personen im Allgemeinen.

Mündliche Übung `S. 81`

VORWORT

Diese Übung verlangt Vorbereitung, da Schüler zunächst zu Hause ein Foto ihres Lieblingsgegenstandes machen müssen. Dabei empfiehlt es sich, auch die Vorbereitung des Vortrags vor dem Unterricht anfertigen zu lassen.

Wichtig ist es, vor dem Erstellen des Vortrags mit der Klasse die Struktur einer Präsentation (Einleitung – Hauptteil – Schluss) und die Bewertungskriterien für eine mündliche Aktivität zu erläutern. Als weitere Vorentlastung können im Hinblick auf das *Individual Oral* hier Vokabular und Technik zur Beschreibung von Fotos eingeführt werden.

Während der Vorträge können zwei Schüler die Aufgabe erteilt bekommen, Feedback nach den Bewertungskriterien A und B (jeweils ein Schüler pro Kriterium) der mündlichen Aktivität zu geben. Wichtig ist dafür, dass zunächst geklärt wird, was die Kriterien meinen.

Während ein Schüler anhand von zehn kurzen Stichworten den freien Vortrag hält, notieren die anderen Schüler den Gegenstand und die Hauptgründe, warum der Gegenstand für den Jugendlichen wichtig ist. Wie oben erwähnt, konzentrieren sich zwei Schüler auf Feedback nach den Bewertungskriterien: einer auf Kriterium A, der andere auf B. Danach stellen die Mitschüler Fragen zum Vortrag.

Erweiterung: Welches Objekt charakterisiert Jungsein in der Kultur der Schüler und warum? Mit einer Diskussion dieser Frage kann interkulturelles Lernen initiiert werden.

Schriftliche Übung `S. 81`

Die Übung wird nun schriftlich nachbereitet und zu einer Klassenausstellung erweitert, in der die Schüler kurze Texte zu den Fotos verfassen und diese mit den Fotos ausstellen. Hierbei werden den Schülern auch die Unterschiede von schriftlichem und mündlichem Ausdruck vor Augen geführt. Bei der Rezeption der Fotos und Texte anderer Schüler kann es zu interessanten Ideen zur Lebenswelt von Jugendlichen kommen, und Schwerpunkte für die Einheit können erarbeitet werden.

Grammatik unter der Lupe: Präpositionen   S. 82

Präpositionen und die Tatsache, dass sie entweder Dativ, Akkusativ oder Genitiv nach sich ziehen, sind ein schwieriges Kapitel für Schüler, die Deutsch lernen. In dieser Einheit werden Präpositionen mit den Fällen zusammengestellt. Zunächst wird mit dem Text gearbeitet, dann wird die Tabelle ergänzt. Dabei wird sich auf bestimmte Artikel und deren Beugung beschränkt. Die Beugung von unbestimmten Artikeln und die Endungen der Adjektive werden hier noch nicht besprochen, sie sind Teil des Kapitels 4, **Kulturelle Vielfalt**. Falls eine Präposition von einem unbestimmten Artikel gefolgt wird, kann der Fall dennoch bestimmt werden, wie die folgende Tabelle zeigt. Es empfiehlt sich, das Kapitel um weitere Übungen aus Grammatikanleitungen zu ergänzen.

Textbeispiel	Präposition und Fall	Beispiele von Maskulinum/ Femininum/Neutrum
Beispiel: von meinem Freundschaftsschuh	*von* + Dativ	von dem Schuh von der Schule von dem Haus von den Schulen
mit dem Computer mit meinen Freunden mit diesen Schuhen mit anderen Menschen	*mit* + Dativ	mit dem Computer mit der Schule mit dem Haus mit den Schulen/Freunden
durch meinen Laptop und das Internet	*durch* + Akk.	durch den Laptop durch die Nase durch das Haus durch die Nasen
auf den Boden auf eine Reise	*auf* + Akk. (wohin)	auf den Boden auf die Erde auf das Haus auf die Reisen
auf der ganzen Welt auf dem Bild	*auf* + Dativ (wo)	auf dem Boden auf der Erde auf dem Haus auf den Reisen
in der ganzen Welt	*in* + Dativ (wo)	in dem Garten in der Welt in dem Haus in den Gärten
in die Luft	*in* + Akk. (wohin)	in den Garten in die Welt in das Haus in die Gärten

Übersicht der wichtigsten Präpositionen mit Fällen

In der vorhergehenden Übung haben die Schüler ihr bisheriges Wissen aufgelistet. Diese Tabelle gibt einen vollständigen Überblick. Die Einordnung nach Zweck/Bedeutung der Präposition sollte noch einmal besprochen werden.

Schriftliche Übung S. 84

Während **der** Sommerferien habe ich mit **meinem** Bruder einen Fotokurs gemacht. Trotz **des** schlechten Wetters haben wir Spaß mit **meinem** Lieblingsding gehabt: meiner Kamera. Bei **dem** (oder **Beim**) raren Sonnenschein haben wir ohne **die** nervigen Gummistiefel interessante Bilder an **dem** (oder **am**) Meer gemacht, in **den** Dünen, an **dem** (oder **am**) Strand, hinter **dem** Deich. Herrlich! Ich rannte in **das** (oder **ins**) Meer und mein Bruder fotografierte mit Vergnügen. Bis auf **das** Wetter war alles perfekt. Dank **der** Bilder habe ich immer etwas, was mich an **den** Urlaub erinnert: ein Album voll mit **den** Fotos.

Beachten Sie, dass *bei dem*, *an dem* und *in das* auch zusammengezogen werden. Die folgende Liste ist eine wichtige Ergänzung, die mit den Schülern besprochen werden sollte:

in dem → im

in das → ins

an dem → am

an das → ans

bei dem → beim

von dem → vom

zu dem → zum

zu der → zur

Weiterdenken S. 84

Es ist zu empfehlen, die Schüler ohne Einbezug der Shellstudie darüber beraten zu lassen, was Jugendlichen wichtig ist.

Für die Diskussion sollte schon etwas Vokabular eingeführt werden, das man verwenden kann, um Vorschläge zu machen sowie Ideen von anderen zu kommentieren. Stattdessen kann aber auch auf S. 87 in diesem Kapitel hingewiesen werden.

Die Einigung in der Gruppe auf eine Reihenfolge fördert die Auseinandersetzung mit der Thematik und zeigt, dass andere oft unterschiedliche Wertesysteme haben.

Erweiterung: Jeweils ein Schüler aus jeder Gruppe tritt einer neuen Gruppe bei und versucht dann mit dieser Gruppe eine Prioritätenliste zu erstellen. Er/Sie kann die Rangliste der letzten Gruppe verteidigen und Ideen benutzen.

Anschließend werden die Resultate der verschiedenen Gruppen miteinander und mit denen der Shellstudie verglichen und diese kommentiert. Man sollte überlegen, worauf eventuelle Übereinstimmungen oder Unterschiede zurückzuführen sind. Dies dient auch zur Vorbereitung auf den nächsten Text.

Soziale Milieus der Jugendlichen

Die genannten Milieus sind stereotypisch und als Prototypen zu verstehen. Jugendliche werden sicher Charakterzüge eines Typen vertreten und wiedererkennen. Es ist aber wichtig, auch kritisch zu reflektieren, inwieweit das Arbeiten mit Milieus hilft, Lebenswelten zu verstehen, oder ob es Klischees verallgemeinert. Deshalb muss auch beachtet werden, dass Individuen komplexer sind und Verallgemeinerungen nur bedingt zutreffen.

Textverständnis S. 86

SCHRITT 1

		Name
1	Traditionelle Jugendliche (konservativ, sozial eingebunden)	Philipp
2	Bürgerliche Jugendliche („Normalo")	Marco
3	Hedonistische Jugendliche (leben im Hier und Jetzt, lehnen geordnetes Leben ab)	Nadine
4	Postmaterielle Jugendliche (authentisch, haben Ideale)	Jonas
5	Performer-Jugendliche (Ehrgeiz, Stil)	Julia
6	Experimentalistische Jugendliche (kreativ, individuell)	Jasmin
7	Konsummaterialistische Jugendliche (mithalten wollen, modisch)	Jenny

SCHRITT 2

Welcher der Jugendlichen ...	Jasmin	Jenny	Marco	Philipp	Julia	Nadine	Jonas
8 nimmt die Schule wichtig?			X	X	X		X
9 geht oft abends tanzen?	X					X	
10 isst kein Fleisch?							X
11 will Abitur machen?			X		X		X
12 treibt Sport?					X		
13 findet Mode wichtig?		X				X	
14 interessiert sich für Kultur?							X
15 engagiert sich ehrenamtlich?							X

Mündliche Übung   S. 86

VORWORT

Diese Übung dient dazu, dass sich die Schüler genauer in das Wertesystem der verschiedenen Gruppen hineindenken. Ordnen Sie jeder Gruppe ein bestimmtes soziales Milieu zu und helfen Sie ihr, eventuell geeignete Ideen zu finden. Die Gruppe sollte die Diskussion gut vorbereiten, und dafür die eigenen Ideen auflisten.

In der Diskussionsphase übernimmt ein Schüler die Rolle des Moderators und moderiert eine Diskussion mit bis zu sieben anderen Schülern, die jeweils einen der Typen repräsentieren. Die Aktivität kann als mündliche Aktivität ins *Internal Assessment* einfließen, solange die Gruppe klein genug und die Redebeiträge umfassend genug sind, um eine Benotung zuzulassen.

Mündliche Übung   S. 87

Das Spiel ist eine gute Vorbereitung für alle mündlichen Prüfungen, da die Schüler zu Kreativität und Variation bei der Beantwortung von Fragen ermutigt werden. Sie können Diskussionsthemen steuern, z. B. wenn der Fragende mehr über die Vorlieben des Partners erfahren soll oder dessen Meinung zu Themen, die für Jugendliche relevant sind, erfragen soll.

Mündliche Übung   S. 87

Das Erstellen von Fragen in einer Gruppe zu Themengebieten, die für Jugendliche relevant sind (Musik, Freizeit, Familienleben, Zukunftsperspektiven, Medien) erlaubt anschließend allen an mündlicher Kommunikation teilzunehmen, da jeder Schüler die von der Gruppe vorbereiteten Fragen in der anschließenden Partnerübung mit einem Mitglied einer anderen Gruppe austauschen kann.

Das Erstellen von offenen Fragen bereitet gleichzeitig die mündliche Prüfung vor, da in dieser die Schüler auf offene Fragen reagieren sollen. Das wird auch im Schülerbuch erklärt.

Falls diese Übung zu Beginn des Gesamtkurses eingesetzt wird, eignet sie sich auch, um das Kennenlernen der Gruppe zu stimulieren.

Schriftliche Übung   S. 87

Das **Interview** sollte zunächst als Transkript geschrieben werden. Die vorausgegangenen mündlichen Übungen haben es inhaltlich vorbereitet, die schriftliche Arbeit festigt das Erlernte und führt auf *Paper 2* hin. Daher können die Bewertungskriterien dieses *Papers* für *HL* und *SL* benutzt und erklärt werden. Eine Checkliste zu dieser Textsorte ist auf S. 337 des Schülerbuches zu finden.

Grammatik unter der Lupe: über die Zukunft sprechen und spekulieren `S. 88`

Um Zukunftspläne, Vermutungen und Prognosen zu verbalisieren, werden die dafür gebrauchten Zeiten wiederholt. Die Anweisungen sollten vor dem Erstellen des Interviews im Unterricht behandelt werden, sodass die Schüler die Grammatik in der schriftlichen Übung umsetzen.

Weiterdenken `S. 88`

Die Reflexion erwartet Sensibilität und Respekt von den Schülern. Vorurteile können reflektiert werden. Die Forderung nach Chancengleichheit sollte in ihrer Relevanz als Fundament einer gerechten Gesellschaft bestätigt werden. Gleichzeitig sollte aber auch Eigenverantwortung der Jugendlichen und Engagement betont werden.

Je nach sprachlichem Niveau der Gruppe können Sie die Diskussion stärker steuern und konkreter gestalten, z. B. mit spekulativen Fragen: Wer wird Konflikte mit Erwachsenen haben? Welchen Jugendlichen wird ein Arbeitgeber gern beschäftigen und warum?

Geeignete Fragen wären z. B.: Wer unterstützt die Jugendlichen (Eltern, Schule, Staat, Kirche, Umfeld) und wie? Welcher Jugendliche hat viel Unterstützung, wer wenig? Warum? Ist das fair?

> *Die digitale Welt: das goldene Zeitalter der „Digital Natives"?*

In dieser Einheit wird die Veränderung der Lebenswelt der heutigen Jugend durch die neuen Technologien wie das Internet und besonders soziale Medien reflektiert. Technologien beeinflussen das soziale Verhalten wie auch die Aneignung der Welt und bieten Möglichkeiten, die Jugendliche aus der Generation der „Digital Immigrants" nicht hatten. So stellen räumliche und zeitliche Begebenheiten kaum Einschränkungen mehr dar, da soziale Netzwerke und das Internet Informationen und Kontakte jederzeit und von allen Orten verfügbar machen. Allerdings stellen die Technologien andere Herausforderungen, die in der Einheit behandelt werden, wie z. B. die sinnvolle Auswahl aus dem Angebot und das verantwortungsbewusste Handeln in der virtuellen Welt.

Einstieg `S. 89`

Der Einstieg erlaubt Schülern, die eigenen Erfahrungen mit neuen Technologien wie dem Internet zu reflektieren und auszutauschen. Wenn das Verhalten von „Digital Immigrants" thematisiert wird, begreifen die Schüler, dass diese nicht mit dem Internet aufgewachsen sind, sodass deren Kindheit durch andere Erfahrungen geprägt war. Schüler versprachlichen die Möglichkeiten, die der Fortschritt ihnen heute bietet, und entwickeln gleichzeitig ein kritisches Bewusstsein, dass die Generationen vor ihnen, die ohne Internet gelebt haben, andere Kommunikationsmöglichkeiten hatten, Informationen auszutauschen und soziale Kontakte zu pflegen.

Kinder.Jugendliche @facebook.com – Das Interview zu den sozialen Netzwerken

Hinweis: In diesem Text wird die Schweizer Schreibweise verwendet, d. h. anstatt ß wird durchgehend *ss* benutzt.

Textverständnis `S. 91`

SCHRITT 1

1 **F**, 2 **C**, 3 **D**

SCHRITT 2

Wenn sie am Computer sind?	Wenn sie nicht am Computer sind?
Aktivitäten in sozialen Netzwerken (chatten, Mails senden, Fotos schauen)	Sport treiben
	ein Instrument spielen
Videos anschauen	sich mit Freunden treffen und ausgehen, plaudern, shoppen
Schulaufgaben	
Recherche	

SCHRITT 3

1 **Falsch** (ich finde es per se nicht beunruhigend)

2 **Falsch** (auch für schulische Zwecke)

3 **Richtig** (wenn sie nebenher auch Sport treiben ... dann ist das nicht beunruhigend)

4 **Falsch** (Sind sie mit Freunden zusammen, gehen sie am liebsten in den Ausgang ...)

5 **Richtig** (sie können sehr gut vernetzt denken)

6 **Falsch** (dass die Kinder eventuell mehr gefordert sind, wenn es darum geht, sich auf etwas Einzelnes zu konzentrieren oder fokussieren)

Nützliche Ausdrücke: Bewerten und sich äußern `S. 92`

Die Ausdrücke aus dem Text helfen Schülern eine Meinung oder Beobachtung auszudrücken. Die Ausdrücke können in Stellungnahmen zu dem Thema eingefordert werden. Sie können zum Beispiel die Schüler mit den Ausdrücken auf folgende Fragen antworten lassen:

- Sollten alle Jugendlichen an sozialen Netzwerken teilnehmen?

- Wie schätzen Sie den Nutzen von Computern für Jugendliche ein?

- Hätten Sie Bedenken, wenn Eltern einem Jugendlichen unbegrenzten Zugang zum Internet gestatten?

Einstieg `S. 93`

Der Einstieg erlaubt – wie auch der Einstieg zum letzten Text – eine Auseinandersetzung mit dem eigenen Umgang mit neuen Technologien, hier konkret sozialen Netzwerken. Themen wie der Unterschied zwischen Kommunikation online und von Angesicht zu Angesicht oder die Möglichkeiten, die Kommunikation ohne räumliche Beschränkungen bieten, sind relevant.

Die Vorteile, die diese in einer globalen Gesellschaft bieten, wie auch die Herausforderungen, die sie an den Benutzer stellen, können reflektiert werden und so eine Erwartungshaltung für den anschließenden Text entstehen lassen. Aspekte wie Cyberbullying können angesprochen werden, die auch in Kapitel 8, **Wissenschaft und Technik,** vertieft werden.

Tagebuch eines jugendlichen Facebook-Nutzers

Der Text ist umgangssprachlich geschrieben und reflektiert die Lebenswelt vieler Schüler in deutschsprachigen Ländern und in anderen Industrienationen. Er ist aus Österreich und benutzt Dialekt und Jugendsprache („servas", „geh ma fort", „sauu spannend"), worauf die Schüler als Vorentlastung hingewiesen werden sollten.

Textverständnis `S. 94`

6.55 Uhr:	3
7.30 Uhr:	5
10.14 Uhr:	6
14.05 Uhr:	2
22.08 Uhr:	1
00.17 Uhr:	4

Schriftliche Übung `S. 94`

VORWORT

Die Textsorte **Tagebuch**, die im Text vorgestellt wird, wird nun produziert. Gleichzeitig dokumentieren Schüler den eigenen Umgang mit sozialen Netzwerken und reflektieren darüber, was sie dabei empfinden und erleben. Durch die Textsorte wird die Auseinandersetzung persönlich. Falls die Bewertungskriterien für *Paper 1 SL* und *HL* angewandt werden, kann eine Wortzahl von 250–400 Wörtern vorgegeben werden.

Weiterdenken `S. 94`

Die Diskussion erlaubt es, den grammatischen Fokus des Kapitels – das Futur – anzuwenden. Das Spekulieren über ein Leben ohne digitale Medien macht deutlich, dass wir heutzutage Bedürfnisse nach Informationen, sozialen Kontakten und Unterhaltung schnell, einfach und abwechslungsreich mit den neuen Medien befriedigen, sodass ein Leben ohne diese einem Verlust an Möglichkeiten gleichkommt. Gleichzeitig kann allerdings die freiwerdende Zeit mit anderen Wegen, diese Bedürfnisse zu befriedigen, gefüllt werden, was auch Vorteile haben kann. So wird den Schülern deutlich, dass die technologische Entwicklung aus unserem Leben nicht wegzudenken ist, allerdings gleichzeitig kein Mandat auf unsere Zeit hat, da die Entscheidungsgewalt beim Individuum liegt.

> *Generationenkonflikte*

Diese Einheit lenkt die Aufmerksamkeit auf das Zusammenleben von Jugendlichen mit Erwachsenen, einerseits als gesellschaftliche Gruppen, andererseits auf der individuellen Ebene als Teile einer Gruppe, der Familie. Schüler versprachlichen Situationen, die sie aus der eigenen Lebenswelt kennen, nehmen aber auch in der Diskussion die Position der Erwachsenen ein, um durch den Perspektivenwechsel ihr Verständnis des Denkens und Handelns von anderen zu erweitern. Sie begreifen sich als Teil einer gesellschaftlichen Gruppe, die zunehmend am öffentlichen Leben teilnimmt.

Jugend

Textverständnis S. 95

Es empfiehlt sich, zunächst gemeinsam mit der Klasse zu lesen und Eindrücke zu sammeln. Die Fragen, besonders Nr. 2, erwarten Detailverständnis.

SCHRITT 1

1 Er trägt ein T-Shirt mit Aufschrift und einen Rucksack mit Aufschrift. Er raucht, ist ungefähr 16 Jahre alt, er hat Wut in den Augen, der freundliche Blick des Sprechers verwirrt ihn.

2 Er erwartet,
   - dass Erwachsene eine schlechte Meinung von Jugendlichen haben,
   - dass sie ihnen nichts Positives zutrauen und sie für unausstehlich (Kotzbrocken) halten,
   - oder dass sie sie kritisieren.

3 Ein Erwachsener.

4 Er lächelt den Jugendlichen an.

5 Er erwartet die Freundlichkeit des Sprechers nicht.

SCHRITT 2

In der Zeile ...	bezieht sich der Pronomen ...	auf ...
6	Ihr werdet es nicht (Z. 2)	„Ihr"	die Erwachsenen
7	Wir gehören (Z. 3)	„wir"	die Jugendlichen
8	auf seinem Rucksack (Z. 4)	„seinem"	den Jugendlichen im Gedicht

Weiterdenken S. 96

Die offene Übung regt dazu an, über Konfliktpotential zwischen Jugendlichen und Erwachsenen nachzudenken. Dabei werden Schüler zum Perspektivenwechsel ermuntert.

SCHRITT 1

a) Zuerst versprachlichen die Schüler Situationen, in denen Jugendliche mit Erwachsenen unzufrieden sind, z. B., wenn Erwachsene autoritär Grenzen setzen und die Jugendlichen sich machtlos vorkommen oder wenn Erwachsene Jugendlichen kein verantwortungsbewusstes Handeln zutrauen.

b) Die Schüler übernehmen die Perspektive von Erwachsenen und identifizieren Situationen, in denen diese mit Jugendlichen unzufrieden sind, z. B. in Situationen, in denen die Jugendlichen sich als unzuverlässig erweisen und Absprachen nicht einhalten.

Um die Erwartungen den Schülern zu verdeutlichen, können Sie ein Beispiel vorgeben. Zum Beispiel ist ein Konfliktbereich die Kleidung der Jugendlichen. Während Jugendliche auf ihr Recht der Selbstdarstellung bestehen, finden Erwachsene Kleidung, die den Konventionen der Ordnung widersprechen, häufig unangemessen. Ein konkreter Fall wäre dann ein Familiengeburtstag, bei dem der Sohn in Jeans, T-Shirt und Lederjacke teilnehmen will, während die Eltern Hemd und Bundfaltenhose erwarten. Der Konflikt zwischen eingeforderter Toleranz und erwartetem Respekt vor Konventionen lässt sich auch an anderen gemeinsamen Aktionen zeigen, z. B. dem Familienessen.

c) Als Erweiterung werden Verhaltensweisen/ Lösungsstrategien für Konflikte diskutiert.

SCHRITT 2

Das Ganze wird dann tabellenartig aufgeschrieben. Die Verhaltensweisen können von den Schülern nach Wichtigkeit geordnet werden. Dies kann erst in Einzelarbeit, dann mit einem Partner und anschließend in einer Gruppe geschehen.

SCHRITT 3

Der Vergleich mit der Shellstudie erlaubt den Schülern eigene Strategien bei deutschen Jugendlichen wiederzufinden, aber auch über andere zu reflektieren. So kann gefragt werden, welche Strategie bei welchem Konflikt am erfolgreichsten sein könnte oder welche Strategie nicht zu empfehlen ist.

Mündliche Übung S. 97

Diese Übung erlaubt, die Konfliktsituationen, die in „Weiterdenken" zusammengestellt worden sind, kreativ umzusetzen. Das Rollenspiel kann als interaktive mündliche Prüfung in die Leistungsmessung einfließen.

Einstieg $\quad$ S. 97

VORWORT

Die Diskussion erlaubt den Schülern, sich dem Thema des folgenden Textes zu nähern, indem die Beziehung zwischen Kindern und Eltern auf der Grundlage der eigenen Erfahrungen diskutiert wird. Die Rolle der Eltern wird reflektiert. Dabei erkennen Schüler, dass Eltern neben finanzieller und emotionaler Unterstützung auch Regelsysteme und Lebensmodelle bieten, die zentral für den Heranwachsenden sind. Verhalten, das die Beziehung positiv beeinflusst, wird solchem, das zu Konflikten führt, gegenübergestellt.

Die Diskussion kann auch offenlegen, dass es kulturelle Unterschiede in den Erfahrungen der Gruppe in Bezug auf die Eltern-Kind-Beziehung gibt.

Anna: „Ich habe nie Haschisch und Alkohol kombiniert"

Textverständnis $\quad$ S. 99

SCHRITT 1

1 **C**, 2 **I**, 3 **E**, 4 **A**, 5 **B**, 6 **J**, 7 **F**, 8 **D**, 9 **H**, 10 **G**

SCHRITT 2

1 in

2 hinter

3 in

4 Seit

5 ohne

6 in

7 Vor

8 an

9 an

10 In

11 mit

12 am

13 für

SCHRITT 3

Was gefällt Anna an ihrer Mutter?	Was findet Anna nervig?
Die Mutter weiß immer Rat.	Die dauernden Fragen, das Genörgel.
Sie kann die Perspektive des anderen sehen.	Wenn die Mutter gereizt ist.
So leicht erschüttert die Mutter nichts.	Die Mutter ist nach der Scheidung mit sich selbst beschäftigt.
Sie lässt Anna Alcopops probieren.	
Sie redet Freunde nicht schlecht, die ihr nicht passen.	

Erweiterung: Hier kann mit der Klasse diskutiert werden, ob Schüler das Verhalten der Mutter genauso positiv bewerten wie Anna. Vielleicht stehen sie einer Mutter, die eher eine Freundin ist, eher kritisch gegenüber, vielleicht finden sie, dass Eltern strenger sein sollten. Hier können sich interessante Diskussionen über Erziehungsstile in verschiedenen Kulturen entwickeln.

SCHRITT 4

1 Mit der Mutter: Sie ist gereizt und lässt Anna mit deren Problemen allein.

2 Mit dem Vater: Er will keinen Unterhalt zahlen.

Schriftliche Übung $\quad$ S. 100

Die zwei Tagebucheinträge erlauben die Festigung der zuvor eingeführten Textsorte **Tagebuch** (S. 94 des Schülerbuches), was auch durch den Verweis auf die Checkliste deutlich wird.

Vor dem Schreiben können Schüler angeregt werden, Ideen in einer Mindmap zu sammeln und zu ordnen. Sie müssen zuerst aus dem Text die relevanten Punkte heraussuchen und diese dann mit eigenen Ideen ergänzen. Nach dem Verfassen der Tagebucheinträgen können Schüler sich gegenseitig Rückmeldung zur sprachlichen und inhaltlichen Qualität geben, z. B. anhand der Checkliste oder anhand der Bewertungskriterien für *Paper 2* für *SL* und von Teil A aus *Paper 2* für *HL*.

> *Schule: für das Leben lernen?*

Diese Einheit fordert Schüler auf, über die Bedeutung von Bildung für das Individuum wie auch über Elemente von Schule, die diese erfolgreich machen, nachzudenken. Bildung wird in Schulsystemen staatlich organisiert, wie am Beispiel des deutschen Schulsystems verdeutlicht wird. Schüler lernen die Internetschule kennen, die neue Medien, wie sie bereits in diesem Kapitel diskutiert wurden, benutzt, um Lernen zu ermöglichen.

Zur Diskussion `S. 101`

Die Argumente für und gegen Zeit in der Schule werden z. B. in einer Tabelle zusammengetragen.

Gründe für den Schulbesuch sollten die natürliche Wissbegierde des Menschen sowie die Notwendigkeit einer Qualifikation für einen späteren Beruf umfassen. Spaß sollte diskutiert werden: Was an Schule macht Spaß? Was hindert Spaß?

Gleichzeitig werden Elemente genannt, die die Schule als negativ empfinden lassen, z. B. Selektion und Misserfolg sowie Langeweile und Pflicht.

Erweiterung: Anschließend können negative Schulerfahrungen genutzt werden, um zu erarbeiten, wie diese vermieden werden können.

Schriftliche Übung `S. 101`

Die Textsorte **Informeller Brief** wird gefordert und mit dem anschließenden Tipp genauer erklärt. Der persönliche Brief ist eine Art des informellen Briefes. Wichtig ist allerdings gleichzeitig, dass informelle Sprache an Beispielen gezeigt wird und so als Erwartung den Schülern klar ist. Die Vorlage und Checkliste für diese Textsorte finden Sie auf S. 330 und S. 331 des Schülerbuches.

Die Ideen von der vorausgegangenen Diskussion helfen den Schülern zu argumentieren, sollten aber in einem persönlichen Ton mit konkretem Bezug auf die Situation des Freundes/der Freundin angewandt werden.

Wussten Sie das? Das deutsche Schulsystem `S. 102`

Das Diagramm zum deutschen Schulsystem erklärt das dreigliedrige System in der Sekundarschule sowie Alternativen im berufsbildenden Bereich und lässt Freiraum für länderspezifische Variationen, z. B. die dreijährige oder zweijährige Oberstufe.

Weiterdenken `S. 102`

Der Vergleich fördert interkulturelles Lernen und auch eine Auseinandersetzung mit der Organisation von Bildung durch den Staat oder andere Bildungsträger. Das *IB* als privater Bildungsträger mit starker Vision und internationaler Ausrichtung kann mit nationalen Systemen verglichen werden, die bei der Vorbereitung junger Menschen auf ein Leben in der Gemeinschaft andere Schwerpunkte setzen. Unterschiede liegen z. B. in dem Einschulungsalter oder Fremdsprachen als Teil des Curriculums. Sie sollten als Moderator der Diskussion darauf achten, dass es nicht zu pauschalen Abwertungen kommt, sondern zu einer kritischen Auseinandersetzung.

Die Internetschule

Textverständnis `S. 104`

SCHRITT 1

Traditionelle Schule	Internetschule
Lernen mit anderen	Lernpaket per E-Mail
30 Schüler mit einem Lehrer	individuelle Lernpläne
Pausenhof	individualisiertes Lernen
Tafel	Abschlussprüfung in einer staatlichen Schule
Abschlussprüfung in einer staatlichen Schule	

SCHRITT 2

1 Wenn die Eltern ins Ausland müssen und so kein normaler Schulbesuch möglich ist.

2 Wenn ein Schüler von der normalen Schule geflogen ist und keinen Abschluss hat.

Weiterdenken `S. 104`

Die Tabelle kann Argumente des Textes beinhalten, aber auch eigene Ideen der Schüler. In diesem Kontext können Schüler diskutieren, ob sie selbst einen Online-Kurs in ihrem *IB DP*-Paket vorziehen würden.

Mögliche Argumente können auf dem *IB Learner Profile* basieren, z. B. die Förderung des selbstständigen Lernens und der Eigenverantwortung.

Mündliche Übung `S. 104`

Die Schüler können als Vorbereitung der Diskussion die Argumente der einzelnen Rollen in Gruppen erarbeiten. Anschließend treten neue Gruppen aus jeweils einem Vertreter der sieben Rollen zusammen. In dieser Vorbereitungsphase machen die Journalisten die Interviews, sodass die zuvor eingeführte Textsorte des Interviews geübt werden kann.

Falls die Lerngruppe kleiner ist oder die Diskussion in Kleingruppen bevorzugt wird, können auch Rollen nicht besetzt werden.

Als Bewertungskriterien bieten sich die der mündlichen Aktivitäten an, sodass die Aktivität gleichzeitig in die Leistungsmessung integriert werden kann. Sie sollten die Kriterien vor der Übung ansprechen.

Erweiterung: Die Interviews, die in der Vorbereitungsphase gemacht wurden, können auch schriftlich ausgearbeitet werden, um dieses Format noch weiter zu üben. Oder sie können als Grundlage eines Artikels verwendet werden.

Außerschulische Lebenswelten

Diese Einheit erlaubt den Schülern die Reflexion über Freizeit als Zeit, in der Jugendliche soziale Beziehungen pflegen und ihren Beitrag als Teil der Gesellschaft leisten. Gleichzeitig wird in den ausgewählten Beispielen von Aktivitäten – Wirkcamps und Vereine – deutlich, dass soziale Kompetenzen und gesellschaftliches Engagement entwickelt werden, ohne dass dabei der Spaß zu kurz kommt. Die Idee von CAS kann hier aufgegriffen werden.

Einstieg
S. 106

Die Diskussion dient der Aktivierung von Vorwissen und Voreinstellungen. Sie kann auch genutzt werden, um den Bezug zu *Creativity, Action and Service* herzustellen. Bereiche, in denen sich der Einsatz lohnt wie Politik und NGOs, sind zu nennen und auch die Gründe, warum es sich lohnt sich zu engagieren, wie z. B. dass man anderen Menschen helfen kann oder dass man bei dem Einsatz andere Jugendliche kennenlernt, die bereit sind, Verantwortung zu übernehmen. Die Schüler sollten auch überlegen, warum sich einige Jugendliche nicht engagieren.

Wirkcamps: Endlich mal was tun

Textverständnis
S. 108

SCHRITT 1

1   persönlich**e**

2   menschlich**e**

3   interessant**e**

4   weiter**e**

5   Grün**en**

6   lehrreich**en**

7   konsumkritisch**e**

8   besser**e**

9   neu**e**

10   erreicht**en**

SCHRITT 2

1 **A**, 2 **B**, 3 **A, C, D**

Schriftliche Übung
S. 108

Der informelle Brief, der auf S. 102 eingeführt wurde, wird geübt. Es bietet sich an, die Merkmale zu wiederholen, bevor die Schüler schreiben.

Der Brief basiert auf dem Textverständnis des Artikels und sollte Informationen aus diesem verwenden. So werden Fertigkeiten geübt, die auch in der Schriftlichen Aufgabe eingefordert werden. Weitere Informationen zu der Schriftlichen Aufgabe finden Sie in Kapitel 9 auf S. 102. Diese Anforderung können Sie transparent machen und vielleicht durch eine Vorübung – das Herausarbeiten der relevanten Informationen – einleiten.

Weiterdenken
S. 108

Die Aufgabe erlaubt den Schülern konkrete Projekte, die die eigene Umgebung betreffen, zu verbalisieren und im Detail zu erarbeiten. In der Diskussion werden mündliche Fähigkeiten erweitert und durch den Plan schriftlich umgesetzt. Die Kriterien für ein Projekt (siehe den Text und Schritt 3 der Textverständnisübung) helfen, spezifisch und realistisch zu planen.

Grammatik unter der Lupe: Adjektivendungen `S. 109`

An dieser Tabelle können Sie kurz wiederholen, wie man sich für die korrekte Adjektivendungen entscheidet. Die Schüler sollten hier ihr Wissen zusammentragen und Sie können es nach Bedarf ergänzen oder berichtigen. Danach wird dieses noch einmal geübt.

1 letz**ten**

2 gemeinsam**en**

3 früh**en**

4 lang**en**

5 modisch**en**

6 schwarz**e**

7 blau**e**

8 kurz**e**

9 spannend**en**

10 viel**en**

11 nett**e**

12 groß**en**

13 neu**en**

14 ganz**e**

15 zerstört**e**

16 ruhig**en**

17 nächs**ten**

18 langjährig**en**

Erweiterung: Sie können nun die letzte Textproduktion der Schüler noch einmal hervornehmen und Adjektive ergänzen, um zu zeigen, wie diese den Inhalt detaillierter machen und die Sprachqualität erhöhen.

Nicht nur in der Schule lernen wir …

Der Text eignet sich für *HL*- oder leistungsstarke *SL*-Kurse.

Textverständnis `S. 111`

SCHRITT 1

1 **A**, **C**, **E**, **F**; **H**, **J**

2 **A**, **B**, **G**

3 **C**, **E**, **G**

SCHRITT 2

4 **E**, 5 **C**, 6 **H**, 7 **B**, 8 **G**, 9 **A**, 10 **F**, 11 **D**

Weiterdenken `S. 113`

1 Die Diskussion über Freizeitaktivitäten erlaubt den Schülern, die eigene Lebenswelt und die Herangehensweise an Freizeit in ihrer Kultur mit der Kultur, die im Text präsentiert wird, zu vergleichen. Soziales Lernen durch Sport, Kunst, Clubs usw. wird reflektiert und Vokabular zum Thema erweitert und gefestigt.

2 Die Integration von *CAS* oder anderer sozialer Aktivitäten erlaubt danach zu fragen, was Schüler dabei lernen und warum sie es machen. So werden Attribute des *Learner Profiles* wie *caring* oder *principled* an dem eigenen Handeln der Schüler veranschaulicht.

3 Eine Tabelle kann die Gegenüberstellung erleichtern. Mögliche Antworten sind:

Vorteile der Freizeit als Teil der Ganztags-schule	Vorteile der Freizeit außerhalb der Schule
Jeder Schüler kann mitmachen.	Der Schüler muss selbst einen Verein oder eine Gruppe suchen und sich engagieren. So werden junge Menschen selbstständiger.
Eigeninitiative ist nicht notwendig, um den Verein zu finden, sich anzumelden, usw.	
Freundeskreise können einen Schüler ermutigen, neue Hobbys auszuprobieren, da alle zusammen hingehen.	Das soziale Umfeld wird erweitert, ein neuer Freundeskreis gefunden.
Eltern werden nicht für die Logistik gebraucht.	Freiwilligkeit wirkt positiv auf die Motivation.
Lehrer können Interesse wecken und an ein Hobby heranführen.	Die Auswahl an Aktivitäten wird nicht durch den Schulkontext eingeschränkt.
Die Schule kann finanziell schwach gestellte Jugendliche unterstützen.	
Der Zugang ist einfacher, da die Umgebung bekannt ist.	

Mündliche Übung `S. 113`

Die Aufgabe bereitet die Schüler auf die mündliche Einzelprüfung vor. Zunächst erstellen die Schüler Überschriften und zeigen so Verständnis des Fotos und Bezug zum Thema Ehrenamt. Der Auftrag fordert einen Bezug zum Thema und auch einen eigenen Standpunkt. Beides ist entscheidend für einen guten Vortrag, da reine Beschreibung nicht ausreicht.

4. Kulturelle Vielfalt

Einheiten	Klischees kritisch hinterfragt	**S. 47**
	Eine Sprache – eine Kultur? Der deutschsprachige Raum	**S. 54**
	Deutschland: ein Migrantenland	**S. 56**
	Multikulturelles Berlin	**S. 61**
	Migranten verändern die deutsche Sprache: das Kiezdeutsch	**S. 62**
Aspekte	Was ist typisch deutsch? Das Austauschjahr – mehr als Spracherwerb Immigranten zwischen Ausgrenzung und Integration Kreuzberg als Vielvölkerstaat Sprache als Spiegelung von Identität	
Lernziele **Textsorten**	Kurzgeschichte Blogeintrag Zeitungsbericht	
Sprache	Adjektivsteigerung Modaladverbien Strukturwörter Reflexive Verben	
Die *IB*-Ecke	Mündliche interaktive Prüfung Mündliche Einzelprüfung *TOK*	

Fokus dieses Kapitels ist das Zusammenleben mehrerer Kulturen in Deutschland sowie die kulturelle Vielfalt im deutschsprachigen Raum.

Thematische Schwerpunkte

- Das heutige Verständnis der Beurteilung „typisch deutsch" und der Ursprung gewisser Vorurteile hierzu

- Die Wechselwirkung zwischen Sprache und Kultur einschließlich der Fragen, ob Sprache gemeinsame Kultur schafft und welchen Einfluss Migranten auf die deutsche Sprache haben

- Fragen der Identität und Zugehörigkeit für Migranten im deutschsprachigen Raum, welche am Beispiel Berlins aufgegriffen werden

- Konfliktpotentiale und Bereicherungen in einem multikulturellen Deutschland

- Sprache als Reflexion von Identität und deren Veränderung durch Migranten

---

Klischees kritisch hinterfragt

In dieser Einheit sollen Schüler darüber nachdenken, was sie für typisch deutsch oder typisch für ihre eigene Kultur halten und warum wir in solchen Kategorien denken. Die Einheit zeigt Eindrücke von Ausländern und fordert auf, das eigene Bild von Deutschen zu hinterfragen. Außerdem wird auch gezeigt, wie Vorurteile die Einschätzung und das Handeln beeinflussen.

Wortschatz   S. 116

Diese Übung dient der Vorentlastung für das Vokabular und bereitet gleichzeitig den grammatischen Schwerpunkt der Einheit vor: Vergleiche anstellen, indem Adjektive im Komparativ und Superlativ benutzt werden.

Adjektiv	Synonym		Antonym/Gegenteil	
tüchtig	3	fleißig	E.	faul
pflichtbewusst	1	verantwortungsbewusst	D.	verantwortungslos
unordentlich	2	chaotisch	O.	ordentlich
humorlos	7	ernst	B.	witzig
nachdenklich	4	gedankenvoll	C.	unbeschwert
höflich	12	aufmerksam	N.	unhöflich
engagiert	6	tatkräftig	H.	passiv
ehrlich	14	aufrichtig	K.	verlogen
locker	13	entspannt	J.	steif
herzlich	9	freundlich	A.	unfreundlich
schüchtern	10	verschlossen	I.	selbstsicher
umweltbewusst	8	naturverbunden	L.	ignorant gegenüber der Natur
überheblich	11	arrogant	M.	bescheiden
sympathisch	15	liebenswert	F.	unsympathisch
selbstständig	5	eigenständig	G.	unselbstständig

Einstieg S. 116

Bei dieser Diskussion ist es wichtig herauszustellen, dass Verallgemeinerungen und Stereotypen mit Vorsicht zu genießen sind.

Die Gründe für die Urteile lassen sich oft wie folgt kategorisieren:

1 Persönliche Erfahrungen mit einzelnen Deutschen werden verallgemeinert, z. B. „Ich habe einen deutschen Freund, der immer pünktlich ist, daher weiß ich, dass Deutsche pünktlich sind."

2 Meinungen aus Medien werden übernommen, z. B. „Ich habe einen Artikel über deutsche Fußballfans gelesen und erfahren, dass Deutsche ausländerfeindlich sind."

3 Meinungen von Bekannten und Familie werden übernommen, z. B. „Mein Großvater hat im Krieg gegen Deutsche gekämpft, daher wissen wir, dass Deutsche aggressiv sind."

4 Berühmte Deutsche stehen als Prototypen für Deutsche allgemein, z. B. ein berühmter deutscher Sportler beeinflusst die Meinung, dass alle Deutschen sportlich und sympathisch sind.

Anschließend sollten die Wirkungen von Stereotypen für beide Seiten – den, auf den sie zutreffen sollen, und den, der sie vertritt – kritisch hinterfragt werden. Die Auswirkungen können sowohl positiv als auch negativ sein. Stereotypen können auch positiv genutzt werden, z. B. wenn ein Prominenter als positives Beispiel/Symbol für alle Deutschen dargestellt wird.

VORWORT

Erweiterung: Als Projekt können Schüler die Aufgabe bekommen, das Bild der Deutschen in den Medien ihrer eigenen Kultur zu recherchieren. Die Recherche soll zu einer Präsentation mit Diskussion vor der Klasse führen, die als interaktive mündliche Übung bewertet wird. Wichtig ist, dass kommentiert wird, worauf die Stereotypen basieren und ob es Unterschiede in verschiedenen Medien gibt.

Typisch deutsch!

Textverständnis S. 118

SCHRITT 1

Positive Eigenschaften	Negative Eigenschaften
tüchtig	langweilig
pünktlich	unerzogen
ordentlich	steif
brav	verklemmt
pflichtbewusst	
herzlich	
selbstständig	
organisiert	

Beachten Sie, dass *brav* als positive Eigenschaft genannt wird, da es von Andrew dem unerzogenen Verhalten der deutschen Mitschüler gegenübergestellt wird. In anderen Kontexten kann *brav* allerdings negative Konnotationen haben, da es mit *langweilig* und *gehorsam* gleichgesetzt wird.

SCHRITT 2

Frage	Andrew	Amanda
1 Wie alt waren sie, als sie nach Deutschland kamen?	10	16
2 Warum kamen sie nach Deutschland?	Die Eltern sind von England nach Deutschland gezogen.	Sie machte ein Austauschjahr in Deutschland.
3 Wo sammelten sie ihre Erfahrungen mit Deutschen?	in der Schule	mit Freunden

Weiterdenken S. 118

VORWORT

Die Gruppendiskussion knüpft an den im Einstieg erarbeiteten Gründen für Denken in Stereotypen an: Auch in den Äußerungen von Andrew und Amanda wird deutlich, dass beide Voreinstellungen haben, die dann aufgrund der persönlichen Erfahrungen mit Deutschen überdacht werden. Interessant ist zu kommentieren, dass Urteile im Vergleich mit der eigenen Kultur gefällt werden. So vergleicht Amanda die Deutschen mit den Brasilianern in Bezug auf Ordnung und Organisation, während Andrew als Brite den Humor der Deutschen kommentiert. In diesem Zusammenhang bezieht er sich auf die Meinung anderer („das sagt man ja über die Deutschen").

Die Diskussion soll den Schülern bewusst machen, wie Voreinstellungen und Personen Werturteile beeinflussen und somit vorwiegend Auskunft über den Sprecher und seine eigenen Erfahrungen geben.

Grammatik unter der Lupe: Vergleiche S. 119

Anhand der Beispiele können Sie mit Klassen, die das brauchen, schnell die Regeln wiederholen. Checken Sie, woran sich die Schüler erinnern können: Der Komparativ wird mit der Endung -er gebildet. Den Superlativ bildet man mit am -(e)sten oder mit dem bestimmten Artikel und -(e) ste. Wenn nötig, kann den Schülern diese Tabelle gegeben werden.

SCHRITT 1

1 Thomas ist fleißiger als sein Freund.

2 Die Franzosen kochen leckerer als die Deutschen.

3 Die Deutschen fahren schneller als die Holländer.

SCHRITT 2

4 Michael ist der fleißigste Klassenkamerad. Er ist am fleißigsten.

5 Mein Vater ist der kritischste Leser. Er ist am kritischsten.

6 Der Vertrauenslehrer ist der hilfsbereiteste Erwachsene. Er ist am hilfsbereitesten.

SCHRITT 3

Weitere Adjektive mit Umlaut sind z. B. *dumm, gesund, grob, hart, krank, rot, scharf, stark, schwach, warm*.

Schriftliche Übung S. 120

Sie können die Übung dadurch vorbereiten, dass Schüler zuerst Adjektive und Bereiche, in denen die Unterschiede zwischen den zwei Personen liegen, sammeln. Die Sammlung kann im Klassenverband stattfinden. Dann kann der Vergleich angestellt werden. Eine Charakterisierung soll nicht neben einer zweiten stehen, sondern Vergleiche unter Einbeziehung von Komparativ und Superlativ sind gefordert. Hilfreich ist es, die Anzahl von Komparativen und Superlativen, die gefordert ist, vorzugeben.

Adjektiv	Komparativ	Superlativ	
		am -sten	**der, die, das -ste**
nett	netter	am nettesten	der, die, das netteste
schlau	schlauer	am schlau(e)sten	der, die, das schlaueste
ordentlich	ordentlicher	am ordentlichsten	der, die, das ordentlichste
schnell	schneller	am schnellsten	der, die, das schnellste

Lyrisch gesehen

Das Gedicht eignet sich für *HL*-Schüler, da es sprachlich komplex ist. Es hinterfragt die Verherrlichung der eigenen Nation – in diesem Falle der deutschen –, die mit Nationalismus einhergeht. Wichtig ist es, den ironischen Stil zu erkennen. Sprachlich spielt das Gedicht mit dem Komparativ und Superlativ.

Erweiterung: Schüler können selbst ähnliche Gedichte erstellen, indem sie die Selbstverherrlichung einer Person ironisieren und den Stil der ersten vier Zeilen imitieren.

Ich bin sportlicher als sportlich

Ich sportlicher,

Sportlichster bin ich.

Ich bin der Sportlichste oder der Sportlichstere.

Grammatik unter der Lupe: Modaladverbien S. 121

Beispiel 1 ist vage und neutral, wohingegen das Adverb in Beispiel 2 und 3 die Beurteilung qualifiziert, sie deutlicher macht.

Wiederholen Sie hier die Adverbialerklärung aus Kapitel 2, **Globale Fragen**.

Schriftliche Übung S. 121

Das Verbessern der eigenen Arbeit ist ein wichtiger Schritt im Unterricht und wird mit dieser Übung in der Gruppe gefordert. Da Modaladverbien auch zur Verbesserung anderer schriftlicher Übungen beitragen, können Sie die Schüler bei der nächsten schriftlichen Übung erneut auffordern, jedes Adverb von der Liste mindestens einmal zu benutzen.

Alternative: Schüler können in Paaren arbeiten und den Text des Partners durch Adverbien bereichern.

Weiterdenken S. 121

Sprachlich erlaubt die Aufgabe die Festigung der gelernten Adjektive und Erweiterung des Vokabulars zur Beschreibung von Charaktereigenschaften. Sie können die Schüler ermuntern, die Listen in diesem Kapitel zu benutzen und auch weitere Adjektive anzugeben.

Inhaltlich fordert die Aufgabe Reflexion über die eigene Identität und Kultur. Interkulturelles Lernen durch den Vergleich wie auch kritische Reflexion über Stereotype fördert globales Denken.

Vom Leben in einer Kultur wird zum Schwerpunkt des Kapitels hingeleitet: dem Leben mit vielen Kulturen, das Jugendliche mit Eltern aus verschiedenen Kulturkreisen oder Jugendliche mit Migrantenhintergrund erfahren. Der Bezug zur persönlichen Realität betont die Relevanz des Themas für den Schüler.

Immer diese Ausländer

Textverständnis S. 123

SCHRITT 1

Adjektiv	Petra und ihr Handeln	Mann und sein Handeln	Restaurant und andere Gäste
fremdländisch		X	
unverschämt		X	
verwirrt		X	
gemütlich			X
hastig		X	
frech		X	
dreist		X	
gestresst	X		
eilig			X
verblüfft	X		
höflich		X	
entschlossen	X		
bewaffnet	X		

SCHRITT 2
Es entsteht der Eindruck einer entschlossenen, selbstbewussten Frau, die gewillt ist, für ihre Rechte zu kämpfen. Demgegenüber steht ein ausländischer Mann, der der Frau die Rechte streitig macht. Es ist die Sicht der Erzählerin.

SCHRITT 3
Petras Verhalten und ihre Gedanken machen deutlich, dass sie Ausländer für der deutschen Sprache nicht mächtig hält und ihnen zutraut, die Suppe einfach wegzunehmen, also zu stehlen. Auch zeigt die Tatsache, dass sie vom Brot an der anderen Seite abbricht, dass Petra Ausländer für Krankheitsüberträger hält.

SCHRITT 4
1 **Richtig** (war man hier unter zivilisierten Mitteleuropäern, da würde ja wohl niemand … die Tasche entwenden!)

2 **Richtig** (verstehen tut er auch nichts)

3 **Richtig** (Natürlich, ein Ausländer)

4 **Richtig** (brach sich ein Stück Brötchen von der unangegessenen Seite ab. „Sicher ist sicher!")

5 **Richtig** (der dreiste Ausländer war gar nicht auf ihre Suppe aus gewesen. Er hatte es von Anfang an auf ihre Handtasche abgesehen gehabt.)

SCHRITT 5
6 Aus der Zeitung („Das las man doch immer wieder").

7 Petra. Sie hatte sich geirrt und in der falschen Reihe gesessen.

8 **B**

Wortschatz

S. 124

Wortschatzerweiterung ist entscheidend für die Entwicklung eines abwechslungsreichen Vokabulars und für Zuordnungsaufgaben mit Synonymen, wie sie in *Paper 1* vorkommen. Die Übung hilft den Schülern in beider Hinsicht. Die Tabelle gibt einige Möglichkeiten vor, andere passende Adjektive sollten natürlich auch zugelassen werden.

Adjektiv	Mögliche Synonyme	Mögliche Antonyme
fremdländisch	ausländisch	einheimisch
unverschämt	dreist	höflich
verwirrt	konfus	klar
gemütlich	einladend	ungemütlich, steril
hastig	eilig	ruhig
frech	dreist, unverschämt	höflich, zuvorkommend
dreist	unverschämt, frech	höflich, zuvorkommend
gestresst	hektisch	entspannt
eilig	hastig	ruhig
verblüfft	überrascht	bestätigt
höflich	zuvorkommend	dreist, unverschämt
entschlossen	zielstrebig	unentschlossen
bewaffnet	gerüstet	wehrlos

Zur Diskussion

S. 124

Es handelt sich um eine Kurzgeschichte.

Beispiele aus der Checkliste

- offener Anfang: Der Text beginnt mit dem Anstehen im Schnellrestaurant

- offener Schluss: Der Text endet mit der Einsicht, dass die Tasche der Frau nicht gestohlen ist, sondern neben ihrer Suppe in einer anderen Tischreihe steht

- Erzählperspektive: Ich-Erzähler aus Petras Perspektive

- stilistische Mittel: Adjektive, Ausrufe, innerer Monolog

- Präsens: ja

- wenige Charaktere: Petra und der Ausländer

- Handlungsstrang: das gemeinsame Essen der Suppe

- Leitmotive: Suppe, Löffel

Es könnte dazu erwähnt werden, dass diese Kurzgeschichte auch eine Botschaft hat: stereotypisches Denken führt zu Fehleinschätzung und Fehlverhalten.

Schriftliche Übung

S. 124

Das kreative Schreiben zu einem literarischen Text bereitet *HL* Schüler auf die Schriftliche Aufgabe vor. Der Perspektivenwechsel erlaubt einerseits, dass die Schüler verstehen, wie unverständlich das Verhalten der Frau auf den Ausländer wirken muss. Die Gefahr, dass dies wiederum zu einem negativen Bild der Deutschen führen kann, macht deutlich, wie wichtig reflektiertes Handeln ist. Diese Einsicht unterstützt das *IB Learner Profile*, besonders die Eigenschaften *reflective* und *open-minded*. Beim Schreiben und als Kontrolle sollten Schüler wieder die Checkliste für eine **Kurzgeschichte** auf S. 339 benutzen.

Bei der Planung der Kurzgeschichte kann die folgende Übersicht helfen:

- **Thema**   Kulturkontakt: Sind Deutsche wirklich so?

- **Textsorte**   Kurzgeschichte

- **Intention**   Den Leser darauf aufmerksam machen, dass das Verhalten der Frau von dem Mann nur als völlig unakzeptabel gesehen werden kann und zu einem negativen Bild von Deutschen führen kann.

- **Sprecher**   ein offener Mann aus Spanien, der in Deutschland Urlaub macht

- **Adressaten**   Deutsche

- **Sprache**   literarisch, persönlich

Erweiterung: Zur Erklärung der Anforderungen der Schriftlichen Aufgabe benutzen Sie Kapitel 9 des Schülerbuches. Genauso wie mit vielen anderen Texten dieses Lehrwerkes können Schüler auch anhand dieser Kurzgeschichte das kreative Schreiben auf der Basis von Textverständnis üben, d. h. einen Text weiterschreiben oder einen neuen Text einer anderen Textsorte verfassen.

Es folgen einige Beispiele für geeignete schriftliche Übungen zu der Kurzgeschichte: „Immer diese Ausländer".

Textsorte	Thema	Intention	Sprecher	Adressaten	Sprache
Informeller Brief	Vorurteile	die Begebenheit benutzen, um eine Freundin auf die fatalen Folgen von Vorurteilen aufmerksam zu machen	Erzählerin	gute Freundin der Erzählerin	informell
Tagebucheintrag	Selbstreflexion	die Einsicht der Frau verdeutlichen, dass sie ihr Verhalten bereut und ihre Meinung über Ausländer geändert hat	Erzählerin	Erzählerin	informell, emotional
Blogeintrag	Selbstreflexion	andere unterhalten, indem das eigene Fehlverhalten zum Anlass genommen wird, über die Folgen von Vorurteilen zu reflektieren	Erzählerin	Leser von Blogs, die das Thema interessiert	semiformell
Leserbrief	Ausländerfeindlichkeit	Aufmerksamkeit auf das unerhörte Verhalten von Deutschen gegenüber Ausländern zu lenken	ausländischer Mann	Zeitungsleser einer seriösen Zeitung	formell
Kurzgeschichtenende	Versöhnung und Aufhebung von Vorurteilen	die Geschichte weiterschreiben, um im Dialog zwischen Frau und Ausländer die Vorurteile aufzulösen	Erzählerin	Leser der Kurzgeschichte	Stil der Geschichte

Eine Sprache – eine Kultur? Der deutschsprachige Raum

Diese Einheit erlaubt die Reflexion über Spracherwerb, der an Verständnis von Kultur gebunden ist. Der deutschsprachige Raum umfasst die Schweiz, Deutschland und Österreich, die alle drei unterschiedliche Kulturen, eine unterschiedliche Geschichte und verschiedene kollektive Identitäten haben. Mit dem Thema Auslandsaufenthalt wird an die Erfahrungswelt der Schüler angeknüpft, um dann interkulturelles Lernen zu thematisieren. Gleichzeitig wird die mündliche Sprachkompetenz erweitert, indem Argumentation geübt wird.

Einstieg   S. 125

Diese Vorentlastung hilft beim Textverständnis. Hier können die Schüler eine Erwartungshaltung aufbauen, welche Argumente sie im nachfolgenden Text finden könnten. Einige mögliche Antworten sind:

- neue Erfahrungen sammeln
- neue Freunde kennenlernen
- unabhängig von den Eltern sein
- ein neues Land kennenlernen
- sich beweisen
- eine Sprache lernen oder verbessern
- eine andere Kultur kennenlernen

Austausch Österreich – Deutschland

Stilistische Übung   S. 128

1   überhaupt/denn
2   weil
3   dann/da/so
4   später/danach
5   dann
6   wenngleich/obwohl
7   zuerst
8   also
9   Wenn
10 darüber hinaus
11 Dann
12 Daher

Textverständnis

S. 128

		Michael	Hannah	Jonas	Thomas	Nette
1	Der Unterschied zwischen Süddeutschland und Österreich ist gering.		X			
2	Ein Austauschjahr bietet mehr als eine neue Schulerfahrung.				X	
3	Alle Deutschen sind sympathisch.				X	
4	Man darf nicht verallgemeinern – weder in Bezug auf ein Land noch in Bezug auf Menschen.			X		X
5	Sprachliche Missverständnisse gibt es auch unter Muttersprachlern aus verschiedenen Kulturen.					X
6	Ostdeutschland ist besser geeignet, um ein interessantes Jahr zu erleben.		X	X		
7	Es ist ein großer Vorteil, die Sprache gut zu sprechen, da man die Kultur besser mit Einheimischen diskutieren kann.			X		

Mündliche Übung

S. 129

Die Aufforderung an jeden Schüler, zuerst Stellung zu beziehen und Argumente zu sammeln, erhöht die Beteiligung in der anschließenden Diskussion. Gleichzeitig stellt die Aufgabe eine Auseinandersetzung mit den Ideen des Textes unter Einbeziehung des Vorwissens zum Austausch dar. Stellung zu beziehen und diese räumlich durch das Beitreten zu einer Seite zu zeigen, erhöht die Beteiligung der Gruppe. Da auch die Möglichkeit besteht, Seiten zu wechseln, steigt die Motivation, andere mit Argumenten zu überzeugen.

Mündliche Übung

S. 129

Die mündliche Aufgabe bereitet auf die mündliche Einzelprüfung vor, daher müssen die Schüler auf die Wichtigkeit der drei Fotos im Vortrag hingewiesen werden.

Die eigene Recherche fördert die Auseinandersetzung mit einem deutschsprachigen Lebensraum und so die Auseinandersetzung mit Kultur. Falls Schüler bereits in Deutschland waren, können sie die von ihnen besuchte Gegend vorstellen.

Schriftliche Übung

S. 129

VORWORT

Die Übung dient der Festigung des Inhalts der Einheit. Sie sollten die Textsorte **Blogeintrag** anhand der Erklärungen auf S. 129 und der Checkliste auf S. 325 des Schülerbuches einführen sowie Beispiele zu aktuellen Themen aus Zeitungen zeigen. Die schriftliche Übung kann nach den Bewertungskriterien von *Paper 2, SL* oder *Paper 2, Teil A, HL* bewertet werden. 250–300 Wörter sollten als Richtlinie gegeben werden oder eine Arbeitszeit von 90 Minuten (*SL*) bzw. 50 Minuten (*HL*), in der auch ein Plan erstellt werden muss.

Deutschland: ein Migrantenland

Diese Einheit betrachtet die Situation von Migranten in Deutschland: Gründe, warum sie nach Deutschland kommen, Herausforderungen bei der Integration in die deutsche Gesellschaft, Konsequenzen für die eigene Identität und auch Konsequenzen für Deutsche. Schüler erkennen, dass eine positive Grundhaltung von allen Beteiligten – Migranten wie Einwohnern des Gastlandes – wie auch das Erlernen der Sprache entscheidend für die Integration sind. Die neu entstehende Identität und Kultur sind dann eine Mischung aus der Kultur des Heimatlandes und des Gastlandes.

Einstieg

S. 130

SCHRITT 1

Das Erstellen eines Planes ist entscheidend, um die Qualität der Schülerarbeiten (sowohl schriftlich als auch mündlich) zu verbessern. Mindmaps helfen Schülern, Ideen für ihre Pläne zu sammeln.

Beispiel einer Mindmap zu Gründen

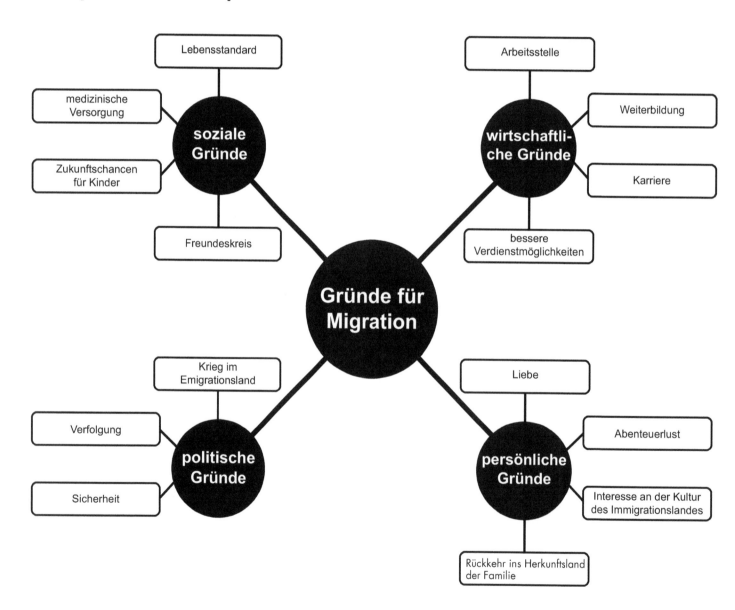

SCHRITT 2

Als Herausforderungen können z. B. genannt werden: Sprache, Kultur, soziale Kontakte, Alltag, soziale Isolation

Als Chancen können z. B. genannt werden: Neustart, Lernen, Lebensstandard, Sicherheit

Erweiterung: Sie können diesem Einstieg eine Wortschatzübung voranstellen, in der Sie die unterschiedlichen Verben und Nomen besprechen, die Migration beschreiben. Der Text im Einstieg kann als Grundlage dienen.

Schriftliche Übung   `S. 131`

Die Wandausstellung kann anhand eines Zeitstrahls organisiert werden. Wichtige Einwanderungswellen sind die Arbeitsmigranten (Gastarbeiter) in den 50er bis 70er Jahren, Aussiedler und Spätaussiedler, Flüchtlingswellen usw. Verschiedene Gründe und auch der Zusammenhang von Migration und globaler Politik/Wirtschaft werden somit verdeutlicht. So kann internationales Denken gefördert werden. Gleichzeitig können die Migrationssituationen in den Kulturen der Schüler eingebracht werden.

Die Porträts: Menschen mit Migrationshintergrund im öffentlichen Dienst

Textverständnis   `S. 132`

1   Gegenseitige Rücksichtnahme auf die Kultur des anderen, z. B. erwartet er von Deutschen, dass sie kein Schweinefleisch anbieten, wenn er zum Essen kommt, da er Moslem ist. Andererseits wird er im Fastenmonat Ramadan nicht alle Beschränkungen einhalten, wenn er arbeitet.

2   a) Motivationsworkshops für Jugendliche mit Migrationshintergrund

    b) Gezielte Gespräche mit Eltern von Jugendlichen

3   Sie haben Wert darauf gelegt, dass er eine gute Schule besucht, Deutsch lernt und das Abitur macht.

4   a) Die Polizei gewinnt Kenntnis verschiedener Kulturen/Sprachen und hat so weniger Konflikte mit Gesprächspartnern (Passon Habib)

    b) Sie fühlen sich gewollt (Sujeetha Hermanns); Eltern sind stolz auf den Erfolg der Kinder (Shahin Taghdimi)

5   Sinol Kahveci

6   Passon Habib

7   Sinol Kahveci, Shahin Taghdimi

8   Sinol Kahveci

Herausforderungen des Lebens zwischen den Kulturen – ein Interview

Textverständnis

S. 134

SCHRITT 1

1 **F**, 2 **E**, 3 **A**, 4 **B**

SCHRITT 2

* Die Haltung gegenüber den Menschen der anderen Kultur (immer diese kritische Haltung!" ... so sehr viele Stereotypen)

* Das Erlernen der Sprache des Gastlandes (Sprache ist der Zugang zur Kultur)

SCHRITT 3

Offenheit der Immigranten und Neugierde auf die andere Kultur und deren Eigenheiten (aufschlussreiche Moment, wo ich gesehen hab': Oh, in Deutschland ist doch alles nicht so schlimm ... Offen sein! Ähm, ich glaub', das ist das Wichtigste. Bereit sein, auch Unangenehmes anzunehmen. ... ich muss mich einfach auf dieses Land, ähm, einlassen! ... Dass man bereit ist, gefasst ist auf alles, was dieses Land zu bieten hat.)

SCHRITT 4

Aussage – Es ist schädlich für die Integration, wenn ...	Zitat
... Einheimische direkt fragen, wie ein Migrant Deutschland erlebt und wie lang er bleibt.	dieses Gefühl, dass man nicht richtig akzeptiert wird, dass man eben immer mit diesen Fragen konfrontiert wird: Ja, wann gehst du zurück? Ähm, und: Wo fühlst du dich wohler?
... Migranten sich darauf konzentrieren, was im Heimatland anders ist.	diese kritische Haltung! Ähm, es ist kalt hier und es ist nicht so schön wie in der Türkei, es gibt kein Meer und das Essen und so weiter
... Migranten kein Interesse haben, die Landessprache zu lernen.	wenn Sie sich dann in einem Land nur mit Englisch durchschlagen, dann glaube ich nicht daran, dass man einen, ähm, richtigen Zugang zur Kultur haben kann.
... Migranten sich keine Mühe geben, die Sachen, die im Gastland anders sind, zu verstehen.	Hingehen und sagen: Hey, Moment, jetzt möcht' ich mal sehen: Wie funktioniert hier, was weiß ich, das Verkehrssystem, wie funktionieren hier die Behörden, wie funktioniert hier ähm ... sagen wir mal, die Gastronomie? Ähm, das ist unheimlich wichtig!
... Einheimische von Migranten verlangen, dass sie sich so verhalten wie Einheimische.	Offen sein! Ähm, ich glaub', das ist das Wichtigste. Bereit sein, auch Unangenehmes anzunehmen. Ähm, das gilt sowohl für den Migranten, für den Fremden in einer Gesellschaft als auch für die aufnehmende Gesellschaft.

Weiterdenken

S. 134

Schüler sollen bewerten, was sie für wichtig bei der Integration in eine Kultur halten. Dabei kann besonders die Diskussion um das Erlernen der Sprache des Gastlandes kontrovers sein. Auch die Offenheit auf beiden Seiten ist interessant. Eigene Erfahrungen sollen in die Diskussion einfließen. Die Bewertung fordert eine aktive Auseinandersetzung. Alternativ können Sie die Schüler auffordern, die Gründe in eine Reihenfolge zu bringen und diese miteinander zu diskutieren.

Schriftliche Übung

S. 135

Diese Übung ist eine weitere Chance zu üben, Informationen aus einer Textsorte zu verwenden, um einen neuen Text in einer anderen Textsorte, dem **Blogeintrag**, zu schreiben. Schüler schreiben mithilfe der Checkliste auf S. 325 des Schülerbuches. Entscheidend ist die persönliche Herangehensweise und eine klare Struktur mit Beispielen aus der Wirklichkeit von Dr. Bahadir.

Grammatik unter der Lupe: reflexive Verben S. 135

SCHRITT 1

A. Und wenn Sie sich dann in einem Land nur mit Englisch durchschlagen ...

B. ... ich muss mich einfach auf dieses Land einlassen!

C. ... um sich in der Gesellschaft durchsetzen zu können, ist Deutsch sehr wichtig.

SCHRITT 2

Einige Beispiele von reflexiven Verben sind: *sich verletzen, sich beruhigen, sich ärgern, sich fragen, sich Sorgen machen, sich anstellen, sich bemühen, sich satt essen, sich hinlegen, sich informieren*

Nach der induktiven Herangehensweise kann den Schülern die Tabelle gegeben werden.

ich schlage mich durch	ich lasse mich ein	ich setze mich durch
du schlägst dich durch	du lässt dich ein	du setzt dich durch
er/sie/es schlägt sich durch	er/sie/es lässt sich ein	er/sie/es setzt sich durch
wir schlagen uns durch	wir lassen uns ein	wir setzen uns durch
ihr schlagt euch durch	ihr lasst euch ein	ihr setzt euch durch
Sie/sie schlagen sich durch	Sie/sie lassen sich ein	Sie/sie setzen sich durch

SCHRITT 3

1   mich
2   dich
3   sich
4   uns
5   dich

Mündliche Übung S. 135

VORWORT

Die Schüler selbst Überschriften finden zu lassen, hilft beim Verständnis der mündlichen Einzelprüfung, da die Bedeutung der Überschriften als Hilfe deutlich wird. Anschließend können die Fotos mit den Überschriften anderen Schülern der Gruppe gegeben werden. Diese sollen dann einen Kurzvortrag halten, der kommentiert und bewertet wird.

Erweiterung: Diese Aufgabe eignet sich für Gruppen, in denen Mitglieder in einer fremden Kultur leben oder gelebt haben. Lassen Sie die Schüler Interviews mit diesen machen und in einer Ausstellung als Zeitungsberichte oder auf Ihrer Website als Podcasts veröffentlichen. So tragen die Schüler dazu bei, die Welt von Migranten anderen zu erschließen. Ein Podcast kann als mündliche interaktive Prüfung in die Leistungsmessung einfließen. Der Zeitungsbericht soll die Checkliste auf S. 347 als Grundlage haben.

Hier bin ich Ausländer, dort wie ein Tourist

Textverständnis S. 137

1   Sie heißt Fatma, ist im Schulalter, hat türkische Eltern, ist in Deutschland geboren, lebt in Deutschland und besucht die Türkei in den Ferien. Ihre Freunde sind türkischstämmige Mädchen mit ähnlicher Biografie oder andere Ausländer, sie spricht besser Deutsch als Türkisch und fühlt sich weder in Deutschland noch in der Türkei akzeptiert.

2   Zu deutschen Gleichaltrigen. Die Gesprächssituation wird im ersten Abschnitt deutlich, in dem eine Gruppe Fatma fragt und sie der Gruppe antwortet. Später richtet sich Fatma an die Gruppe: „Ihr kennt das Gefühl nicht, nicht akzeptiert zu werden. Warum, glaubt ihr, hänge ich lieber mit Ayse, Hakan, Ahmet und Ali ab? Sie sind genauso wie ich!"

3 *Ihr* bezieht sich auf die Deutschen und *wir* bezieht sich auf Türken/Ausländer.

4 Die Eltern kritisieren, dass Fatma zu deutsch ist, also die Kultur ihres Heimatlandes annimmt. So entsteht ein Konflikt, der zur Entfremdung zwischen der ersten und zweiten Migrantengeneration führen kann.

Schüler sollten reflektieren, dass die unterschiedlichen Erwartungshaltungen von Vertretern beider Kulturen zu Konflikten in der Identitätsfindung führen können. Sie können die fehlende Unterstützung der Eltern für die Tochter kritisieren und gleichzeitig erkennen, dass die kulturellen Identitäten von Eltern und Tochter verschieden sind. So besteht die Möglichkeit, die Situation der Schüler in der Klasse in die Klassendiskussion mit einfließen zu lassen.

5 Sie will Verständnis für die eigene Situation schaffen, indem sie z. B. die Zuhörer fragt. „Wisst ihr eigentlich, wie schwer so was ist?"

6 **A.** wütend („Wisst ihr eigentlich, wie schwer so was ist? Immerzu …, immerzu …" Der Parallelismus zeigt die Wut.)

   B. selbstbewusst („Ich habe türkische Eltern, bin geboren in Deutschland und lebe in Deutschland." Der Satz ist ihre Antwort auf die Frage nach ihrer Identität und in der Bestimmtheit ein Beweis von Selbstbewusstsein.)

   E. frustriert („Aber wie wäre es, wenn man auch einmal ein Lob hört, …" Die Suggestivfrage zeigt Frustration.)

Schriftliche Übung   `S. 137`

Die Aufgabe dient der Festigung der Textsorte **Informeller Brief** und auch der persönlichen Auseinandersetzung mit den Gefühlen und Erfahrungen eines Jugendlichen, der multikulturell aufwächst. Eigene Erfahrungen können eingebracht werden, Lösungsvorschläge entwickelt werden. Verweisen Sie die Schüler auf die Ideen aus dem Interview mit Dr. Bahadir sowie auf die Checkliste zu dieser Textsorte auf S. 331 des Schülerbuches.

Machtspiel

Die Kurzgeschichte betont die Ungerechtigkeit, die Jugendliche mit Migrantenhintergrund in Deutschland erfahren können. Schüler reflektieren nicht nur über das falsche Verhalten des Kontrolleurs und der Polizisten, sondern auch über das Verschwinden des Passanten. Dabei wird die Bedeutung des Beobachters, der nicht hilft, deutlich.

Textverständnis   `S. 139`

SCHRITT 1
B, C, E

SCHRITT 2
1 **G**, 2 **B**, 3 **F**, 4 **H**, 5 **E**, 6 **A**, 7 **C**, 8 **D**

SCHRITT 3

1 **Falsch** (… seine Monatskarte ist abgelaufen)

2 **Richtig** (Exakt so viel, wie die Monatskarte kostet. Nicht mehr.)

3 **Falsch** („Ja, ja, erzähl das der Polizei!") 4 **Richtig** (Der Polizist packt ihn … schlägt ihn der Polizist …)

5 **Falsch** („Nein …" … knallt ihn … auf den Tisch. … Tayfun wehrt sich.)

6 **Richtig** (… der Kontrolleur trifft Tayfun mit dem Knie mitten ins Gesicht)

7 **Falsch** (stürmt rein, … der Passant ist nicht auffindbar)

8 **Richtig** (… heuert er einen Anwalt an)

Mündliche Übung   `S. 141`

VORWORT

Die Aufgabe ist die Simulation einer Gerichtsverhandlung.

Als Vorbereitung können Gerichtsverhandlungen im Video gezeigt werden und die Textsorte **Rede**, die auf S. 277 eingeführt wird, wiederholt werden.

SCHRITT 1 UND 2
Die zwei Szenarien erlauben es, eine Alternative zu erarbeiten, die zeigt, dass Unrecht nicht akzeptiert werden muss, wenn jeder aktiv dagegen arbeitet.

Wenn der Passant vor Gericht ausgesagt hätte, wäre das Urteil anders ausgefallen, das ausländerfeindliche und unrechte Verhalten der Polizisten und des Kontrolleurs bestraft worden. So wird den Schülern die Macht der Zuschauer bewusst und es wird zur Zivilcourage ermutigt und so die Bedeutung des Attributs des *IB Learner Profiles: Principled* verdeutlicht.

SCHRITT 3
Die Reflexion über die unterschiedlichen Urteile ermöglicht eine Diskussion über Gerechtigkeit und Schuld, und auch die Ursachen von falschem Handeln und Urteilen.

Weiterdenken   `S. 141`

Der Passant greift zwar in der Situation ein, aber handelt nicht weiter, z. B. mit einer Zeugenaussage, um das Unrecht zu ahnden. So verhindert er nicht, dass Tayfun angeklagt wird, statt dass die Polizisten und der Kontrolleur für ihr Fehlverhalten zur Verantwortung gezogen werden. Das sollte in der Diskussion herausgearbeitet werden, um somit die Bedeutung von Zivilcourage zu betonen. Andere Beispiele von der Verantwortung des Beobachters sind das Eingreifen, falls ein Mensch angegriffen wird, z. B. beim Mobbing. Weiterhin sind die Unterschiede zwischen Gerechtigkeit und Rechtsprechung zu reflektieren.

Schriftliche Übung `S. 141`

In den Übungen 1–4 üben die Schüler verschiedene Textsorten. Übung 4 fordert den Zeitungsbericht als Textsorte, der vor der Produktion an Beispielen vorgestellt werden sollte. Sie können auf Zeitungsberichte in vorhergehenden Einheiten hinweisen und den Aufbau am Beispiel deutlich machen.

1   Der Augenzeugenbericht sollte Details wie Zeit, Ort, Beschreibung des Jungen, der Polizisten und des Kontrolleurs und deren Handlungen beinhalten. Er beschränkt sich auf die Perspektive des Passanten und somit darauf, was er von den Handlungen im Hinterraum gesehen hat. Eine Erklärung über verschiedene Berichtssorten gibt es in Kapitel 8, auf S. 285, und die Checkliste für einen **Bericht** ist auf S. 321 des Schülerbuches zu finden.

2   Hier üben die Schüler noch einmal die Textsorte **Kurzgeschichte**, indem sie die Wirkung auf Tayfun kreativ reflektieren. Die Checkliste für diese Kurzgeschichte befindet sich auf S. 339 des Schülerbuches.

3   Der offene Brief ist von einem Erwachsenen geschrieben und in der Lokalzeitung erschienen. Der Stil ist formell, aber emotionale Empörung über das Unrecht kann in einer subjektiven und teilweise polemischen Sprache deutlich werden. Die Textsorte **Leserbrief** wird reichlich in Kapitel 7 geübt, und die Checkliste dazu ist auf S. 329 des Schülerbuches.

4   Der **Zeitungsbericht** kann schrittweise erarbeitet werden. Zum Beispiel kann als erster Schritt die Schlagzeile behandelt werden und mögliche Schlagzeilen können erfunden werden. Dann kann in der Gruppe der erste Paragraf erarbeitet werden, der die fünf W-Fragen (wer, wann, was, wo, warum) anspricht. Die Einbeziehung von Interviews betont die Bedeutung von Handelnden. Details zum Geschehen und Ort sind ebenso wichtig. Die Schüler sollten sich auf die Checkliste auf S. 347 des Schülerbuches beziehen.

Multikulturelles Berlin

In dieser Einheit betrachten die Schüler nun den multikulturellen Charakter der deutschen Gesellschaft. An den Beispielen Berlin und deutsche Sprache sehen sie, wie andere Kulturen die deutsche bereichert haben, aber auch welche Fragen das Neben- und Beieinander verschiedener Kulturen aufwirft. Es wird deutlich, dass Kulturen nicht nur nebeneinander existieren, sondern der Kontakt die Kulturen verändert und zu einer neuen Identität der Migranten führt, die Elemente der Ursprungskultur und der Kultur des Gastlandes enthält. Dieser Prozess beinhaltet Konfliktpotential und erfordert gegenseitige Akzeptanz, wie die Berichte von Migranten in dieser Einheit zeigen.

Mündliche Übung `S. 142`

Zur Planung können Sie den Schülern ein Arbeitsblatt mit Spalten für Programmpunkte geben. Wichtig ist, dass der thematische Schwerpunkt im Programm realisiert wird, sodass Aktivitäten wie ein Essen in einem türkischen, russischen oder polnischen Restaurant nicht fehlen dürfen. Ideen wie z. B. die Übernachtung bei oder der Besuch von Deutschen mit Migrantenhintergrund sind positiv zu bewerten. Der Vortrag soll zeigen, wie das Wochenende das Verständnis des Zusammenlebens der Kulturen ermöglicht. Die Aufgabe kann als interaktive mündliche Prüfung bewertet werden.

Buntes Berlin

Textverständnis `S. 145`

SCHRITT 1

1 **C**, 2 **H**, 3 **E**, 4 **F**, 5 **B**, 6 **A**, 7 **G**, 8 **D**

SCHRITT 2

Diese Aufgabe verlangt von den Schülern, dass sie am Anfang und Ende des Textes Informationen finden.

Die folgenden Vorurteile finden Sie im Text:

- die meisten haben eine andere Religion als wir Europäer (Falk)
- überall gibt es Gekritzel an den Wänden (Stefanie)
- Straßengangs (Michael)
- es kommen ständig kleine Kinder an und wollen was (Michael)
- ganz viele Punks (Anika)

Nein, die Vorurteile bestätigen sich nicht.

SCHRITT 3

Sie tragen dazu bei, Neugierde bei Jugendlichen zu wecken und Berührungsängste und Vorurteile abzubauen.

Schriftliche Übungen `S. 145`

1   Der **Tagebucheintrag** kann für *HL*-Schüler nach den Bewertungskriterien von *Paper 1*, Teil A, für *SL*-Schüler nach den Bewertungskriterien für *Paper 2* bewertet werden. Ein guter Eintrag vergleicht die Erwartungen zu Kreuzberg mit der Realität und kommentiert Programmpunkte der Führung. Hierbei können Sie die Schüler noch einmal auf den Komparativ und den Superlativ verweisen, die auf S. 119 wiederholt wurden. Eine Checkliste zu dieser Textsorte ist auf S. 345 des Schülerbuches zu finden.

2   Alternativ zum Tagebucheintrag kann ein **Blogeintrag** als Textsorte gefordert werden. Die Aspekte eines Tagebuches – persönliche Reflexion, Details zum Erlebnis usw. werden im Blog mit dem Schreiben für eine Leserschaft kombiniert. Die Intention des Blogs ist gegeben und so sollten nur Blogeinträge akzeptiert werden, die Berührungsängste abbauen helfen. Eine Checkliste zu dieser Textsorte ist auf S. 325 des Schülerbuches zu finden.

Weiterdenken S. 145

Besonders Vorurteile und Medienberichte lassen ein negatives Bild von Fremden entstehen, das sich durch das Fehlen von eigenen Erfahrungen festigt. So unterstellen die Schüler aus Brandenburg den Migranten in Berlin, dass diese gewalttätig sind und auch dass das Stadtbild durch Graffiti verunstaltet ist.

Sie können mit Ihrer Klasse nun über eigene Erfahrungen der Gruppe mit Multikulturalismus reflektieren, und auch Konfliktpotential wie fehlende Sprachkenntnisse, nicht anerkannte Qualifikationen und Reaktionen von Einheimischen besprechen. Wichtig ist ein klarer Fokus auf Respekt für andere und Verständnis.

> *Migranten verändern die deutsche Sprache: das Kiezdeutsch*

Thema dieser Einheit ist Sprache als Artikulation von Identität im multikulturellen Kontext. Am Beispiel von Kiezdeutsch wird diskutiert, wie Migranten ihre Identität zwischen Kulturen sprachlich sichtbar machen und wie Soziolekt entsteht. Es wird an die Erfahrungswelt der Schüler, von denen einige das Leben in mehreren Sprachen und Kulturen selbst erleben, angeknüpft. Darüber hinaus wird ein kreativer Umgang mit Sprache vorgestellt; dies erlaubt es den Schülern, Sprache als dynamisches System zu begreifen, das durch Sprechende benutzt, aber auch verändert wird. Das Arbeiten mit Zitaten zu Sprache und Kultur erweitert den Kontext und bereitet *HL*-Schüler auf die persönliche Stellungnahme, *Paper 2*, Teil B, vor.

Einstieg S. 146

Die Diskussion erlaubt die Versprachlichung von persönlichen Erfahrungen mit Sprache. Das Nachdenken über Vermengen der Sprachen und die bewusste Wahl einer Sprache als Identität usw. hilft den Schülern, einen Bezug zum folgenden Zeitungsbericht herzustellen. Je nach Gruppe kann – wie im Vorwort erläutert – im Plenum, in Kleingruppen oder mit einem Protokollführer diskutiert werden.

Wortschatz S. 146

1 **C**, 2 **L**, 3 **B**, 4 **J**, 5 **E**, 6 **G**, 7 **K**, 8 **A**, 9 **D**, 10 **F**, 11 **H**

Lass ma' lesen, yallah!

Textverständnis S. 148

SCHRITT 1

Kiezdeutsch ist ein Dialekt aus diversen ethnischen Wurzeln, ein Multiethnolekt. Es ist ein Slang der Jugendlichen in den Multikulti-Vierteln deutscher Städte.

Es wird in Kreuzberg, in Berlin von deutschstämmigen Jugendlichen und Jugendlichen mit Migrantenhintergrund gesprochen. Ältere Menschen und Lehrer verstehen die Sprache oft nicht.

SCHRITT 2

Dalia Hibish **D.** Irak

Aichat Wendlandt **E.** Madagaskar

Sharon Wendzich **C.** Deutschland

SCHRITT 3

A. Gestern war ich in der Schule.

B. Wir sind ins Kino gegangen.

C. Los geht's.

Zur Diskussion S. 148

VORWORT

Die mündliche Diskussion fördert einerseits die Sprachfähigkeit, andererseits bereitet sie die Auseinandersetzung mit Zitaten den Prüfungsteil *Paper 2, HL*, Teil B vor.

Schriftliche Übung S. 149

Die Zitate bieten die Gelegenheit für *HL*-Schüler, eine **Stellungnahme** wie bei *Paper 2* Teil B zu schreiben. Die Checkliste auf S. 319 des Schülerbuches ist auch hier relevant.

Weiterdenken S. 149

Die Aktivität greift das Thema des Einstiegs noch einmal auf. Sie fördert kritisches Denken in Bezug auf Sprache und integriert somit *TOK* in den Unterricht. Kreativer Umgang mit Sprache, wie es im Textbeispiel Jugendliche mit Migrantenhintergrund tun, wird reflektiert: Welche Funktion erfüllt dieser? Wie reagiert die Gemeinschaft der Muttersprachler auf die Veränderung?

Die Fragen sollten zuerst in Kleingruppen diskutiert werden, welche dann ihre Ergebnisse dem Plenum vorstellen.

5. Feste und Traditionen

Einheiten		Kulinarisches Deutschland	S. 64
		Festliches Deutschland	S. 65
Aspekte		Was ist typisch deutsches Essen? Die fünfte Jahreszeit in Deutschland – der Karneval Osterbräuche in verschiedenen Regionen Deutschlands Weihnachten – der Deutschen liebstes Fest	
Lernziele	**Textsorten**	E-Mail Interview	
	Sprache	Präsens	
	Die _IB_-Ecke	Mündliche Einzelprüfung Mündliche interaktive Prüfung _TOK_	

Fokus dieses Kapitels sind Feste und Traditionen der deutschsprachigen Länder mit einem klaren Schwerpunkt auf Deutschland. Wir betrachten die Herkunft dieser Traditionen und ihre Bedeutung für die heutige Gesellschaft.

Thematische Schwerpunkte

- Eine Untersuchung der ewigen Debatte: Was ist typisch deutsches Essen? Steckt mehr hinter den gängigen Klischees von Wurst und Bier?

- Karneval: Die Schüler erfahren, was es mit diesem äußerst beliebten Fest auf sich hat und welche regionalen Unterschiede es in deutschsprachigen Ländern gibt. Sie setzen sich mit einer sozialwissenschaftlichen Interpretation auseinander und formen ihre eigene Meinung zu diesem Ereignis.

- Welche verschiedenen Osterbräuche existieren innerhalb Deutschlands?

- Weihnachten: Advent, Weihnachtsmärkte, Nikolaus, Heiligabend, Bescherung, die Liste ist endlos. Wie wird Weihnachten in Deutschland gefeiert und warum ist Weihnachten der Deutschen liebstes Fest?

Kulinarisches Deutschland

Diese Einheit gibt einen kurzen Überblick zum Thema Deutsches Essen, wobei Überlegungen angestellt werden, was sich wirklich hinter jener klischeebehafteten Küche verbirgt. Am Ende der Einheit wird ein literarischer Text zu dieser Thematik hinzugezogen.

Einstieg `S. 152`

Ziel dieser Aufgabe ist es, die Schüler auf das Thema Essen einzustimmen und sie zu ermutigen, auf ihre eigenen Erfahrungen zurückzugreifen und diese den Mitschülern mitzuteilen. Die Fragen sind bewusst so angelegt, dass sie verschiedene Aspekte abdecken und zu Diskussion und Meinungsaustausch anregen sollen. Meinungen sollten begründet werden und Schüler sollten erklären, woher ihre Informationen stammen (z. B. eigene Reiseerfahrungen, Berichte von Eltern oder Freunden, Lektüre, Gerüchte).

1 **C**, 2 **D**, 3 **A**, 4 **C**, 5 **B**, 6 **D**, 7 **C**, 8 **D**, 9 **B**, 10 **A**

Erweiterung: Sie könnten noch weiterhin die Erfahrungen Ihrer Schüler diskutieren: Was haben sie schon gegessen? Was hat ihnen geschmeckt, was nicht so?

Die Schüler könnten auch erläutern, inwiefern sich das deutsche Essen von ihren landestypischen Gerichten unterscheidet. Die deutsche Küche gilt ja z. B. als recht schwer. Sie ist auch nicht so gut für Vegetarier und Veganer, obwohl es immer mehr davon gibt.

Was ist typisch deutsches Essen?

Textverständnis `S. 155`

1 **E**, 2 **C**, 3 **A**, 4 **F**, 5 **B**

Schriftliche Übung `S. 155`

Diese Aufgabe baut auf der Thematik der vorangegangenen Lesetexte auf. Bei der Aufgabe ist Folgendes zu merken:

- Es handelt sich hierbei um die Textsorte **Interview** von *Paper 2*. Die Aufgabe ist für *SL* und *HL* gleich, obwohl die Bewertungskriterien etwas anders sind. Näheres hierzu findet man im *Language B Guide*.

- Die Schüler sollten sich einen Einblick in die deutsche Küche verschaffen und sich nicht auf Klischees beschränken.

- Es gibt auf S. 337 des Schülerbuches ein Vorlagebeispiel für ein Interview und eine Checkliste dazu.

Wortschatz `S. 156`

1 **H**, 2 **E**, 3 **A**, 4 **G**, 5 **J**, 6 **C**, 7 **F**, 8 **D**, 9 **B**, 10 **I**

Zur Diskussion `S. 156`

Die Aufgabe gibt den Schülern Gelegenheit, die Redensarten „praktisch" anzuwenden, sie zu üben und zu vertiefen. Es sollte darauf geachtet werden, dass die Schüler ihre Meinungen ausreichend begründen und im Detail von diesen Situationen oder Personen berichten.

Aber bitte mit Sahne

Textverständnis `S. 158`

SCHRITT 1
1 **D**, 2 **F**, 3 **C**, 4 **A**, 5 **E**, 6 **B**, 7 **G**

SCHRITT 2
1 **D**, 2 **A**

SCHRITT 3
1 **L**, 2 **M**, 3 **E**, 4 **A**, 5 **B**, 6 **G**, 7 **C**, 8 **K**

Weiterdenken `S. 158`

- Hier sollen Sie die Schüler dazu ermutigen, ihre Meinungen und Gedanken über das Lied beizutragen und zu begründen.

- Viele Schüler sind heute sehr körperbewusst und ernähren sich gesund, aber sicher werden auch einige sagen, dass man essen sollte, was einem schmeckt.

- Hier sind die Antworten von den Erfahrungen der Schüler abhängig, Beispiele könnten sein: Friedens/ Antikriegslieder, Band Aids „Do they know it's Christmas?", andere Lieder über Rassismus, häusliche Gewalt, Drogen, Abholzen des Regenwalds usw. Einerseits könnten die Schüler Liedertexte für ein effektives Mittel zur Aufklärung vor allem Jugendlicher halten, andererseits sollte man aber auch bedenken, dass viele Leute Liedertexten nicht zuhören oder ein Symbol nicht unbedingt mit einer bestimmten Einstellung verbinden (z. B. auch viele eher rechts gerichtete Menschen tragen T-Shirts mit dem Bild von Che Guevara).

Mündliche Übung   **S. 159**

Das Rollenspiel kann mit fünf Teilnehmern ausgeführt werden. Jeder Schüler übernimmt eine der Rollen. Je nach Klassengröße können Gruppen zuvor die Argumente der einzelnen Rollen zusammen erarbeiten und Rollenprofile erstellen. Falls die Lerngruppe kleiner ist, können Rollen auch unbesetzt bleiben, es ist aber wichtig, dass unterschiedliche Standpunkte zu Wort kommen. Am Ende der Diskussion sollten verschiedene Kompromissvorschläge darüber, was typisch deutsches Essen ist, präsentiert werden.

> *Festliches Deutschland*

Fokus dieser Einheit sind deutsche Feste. Dabei stehen die Karnevalszeit, Ostern, und Weihnachten im Mittelpunkt. Studenten werden dazu ermuntert, sich mit diesen verschiedenen Bräuchen auseinanderzusetzen und kritisch über die Globalisierung von Festen und Traditionen zu reflektieren.

Zur Diskussion   **S. 160**

Ziel dieser Aufgabe ist eine sanfte Annäherung an das Thema Feste und Traditionen Deutschlands. Die Schüler werden durch die Fotos auf das Thema eingestimmt und dabei ermutigt, auf ihr Vorwissen oder auch ihre eigenen Erfahrungen zurückzugreifen und diese den Mitschülern mitzuteilen.

1 Oktoberfest, Weihnachten, Ostern werden den meisten Schülern ein Begriff sein.

2 Hier dürften unterschiedliche Meinungen erwartet werden.

3 Die Schüler sprechen über eigene Bräuche und sollten ihre Meinungen begründen.

Der letzte Punkt lädt zur ersten Reflexion ein – hier könnten Vorteile wie Zugehörigkeitsgefühl, Erinnerung an die Vergangenheit oder Touristenattraktion genannt werden. Es könnte aber auch angesprochen werden, dass manche Leute Traditionen nicht mögen, weil sie alt und verstaubt erscheinen. Dies hängt von den Erfahrungen und den Einstellungen der Schüler ab.

Einstieg   **S. 161**

- Festlichkeiten mit dem Namen Karneval existieren in vielen Kulturen, unterscheiden sich aber häufig von den deutschen Feierlichkeiten. Diese Frage soll die Schüler ermutigen, von ihren eigenen Erfahrungen zu erzählen. Somit können die Unterschiede sofort angegangen werden.

- Die Hauptsache ist es hier, die Schüler zum Reden zu ermuntern. Diejenigen, die Karneval schon in Deutschland erlebt haben, können ihre eigenen Erlebnisse und Eindrücke schildern. Andere können die Bilder beschreiben und erkennen, dass man sich verkleidet, feiert, singt, tanzt und Alkohol trinkt. Schüler können schon beginnen zu reflektieren, dass ausgelassenes Feiern nicht jedem liegt und warum dies so ist.

- Hier sollten wieder eigene Erfahrungen eingebracht werden.

Karneval in Deutschland

Textverständnis   **S. 163**

SCHRITT 1

1 **C.** drehen

2 **A.** verwandelt

3 **C.** Eigentlich

4 **A.** Vorjahres

5 **B.** Köln

6 **B.** Ausnahmezustand

SCHRITT 2

7 **Falsch** (Von Weiberfastnacht am Donnerstag bis zum darauffolgenden Aschermittwoch feiern tausende Menschen in Kneipen, Festsälen und auf der Straße bei Umzügen durch.)

8 **Richtig** (Diese Kombinationen solltest du dir gut merken, denn in Köln „Helau" zu brüllen, kommt nicht gut an.)

9 **Falsch** (Zu jeder Menge Kölsch, dem typischen Kölner Bier, essen die Jecken am liebsten Berliner.)

10 **Richtig** (Nur deine normalen Klamotten solltest du in dieser Zeit im Schrank lassen.)

11 **Falsch** (Es wird nicht lange dauern, bis sie dir von einer Frau abgeschnitten wird, denn das ist so Brauch.)

12 **Falsch** (Obwohl sie auf Deutsch singen, wirst du vielleicht Schwierigkeiten haben, ihre Texte zu verstehen, denn sie singen mit kölschem Dialekt.)

13 **Falsch** (Der Höhepunkt des bunten Treibens ist der Umzug am Rosenmontag.)

SCHRITT 3

	Karneval	Fastnacht/Fasching
Wo feiert man …?	im Rheinland	Süden, Osten und Norden Deutschlands
Gemeinsamkeiten	wilde Feiern traditionelles Fest Die Hauptphase beginnt am selben Tag, am Donnerstag vor Aschermittwoch. Höhepunkt: Rosenmontag Umzüge stehen überall im Zentrum der Feierlichkeiten. Ende: Aschermittwoch	
Unterschiede		
Länge	Beginnt am 11. November des Vorjahres, 4 Monate feiert man.	Beginnt offiziell meist am 6. Januar
Umzüge	Von Weiberfastnacht am Donnerstag bis zum darauffolgenden Achermittwoch feiern tausende Menschen in Kneipen, Festsälen und Straßenumzügen durch.	Weiberfastnacht heißt im Süden Deutschlands „Schmotziger (= schmutziger) Donnerstag" Umzüge heißen hier „Narrensprung".
Verkleidung	Die Menschen verkleiden sich jedes Jahr neu.	Die Feiernden behalten oft dasselbe Kostüm. Fastnachtskostüme haben eine lange Tradition und werden manchmal über Generationen weitervererbt.
Rufe	Typische Rufe sind „Helau" oder „Alaaf".	Typische Rufe sind „Ju-Hu-Hu" oder „Narri-Narro".

„Sich endlich ungeniert öffentlich betrinken"

Textverständnis   S. 168

SCHRITT 1

1 **I**, 2 **G**, 3 **D**, 4 **F**, 5 **J**, 6 **A**, 7 **C**, 8 **B**, 9 **H**, 10 **E**

SCHRITT 2

11 Er war passionierter Karnevalist und Sozialwissenschaftler.

12 Ihm gefiel das Mitschunkeln als Karnevalist besser.

13 Es ist wichtig, mit Menschen zusammen zu sein, mit ihnen zu schunkeln, zu lachen und zu singen.

14 Er nennt unterschiedliche Gründe – es zieht viele Menschen an, die sich kostümiert mehr trauen als am Alltag, aber oft werden Leute auch einfach nur von ihren Ehepartnern in den Trubel mitgerissen.

15 Er meint, sich einfach mal gehen lassen und hemmungslos treiben lassen.

16 Eine Gelegenheit für Kritik an der Obrigkeit.

17 Die Möglichkeit, über mehrere Tage von Weiberfastnacht bis Aschermittwoch zu feiern.

18 Wenn Leute geschminkt und verkleidet, aber völlig traurig dasitzen.

SCHRITT 3

In der Zeile ...	bezieht sich das Wort ...	auf ...
19 ... und <u>manche</u> fliehen (Z. 24)	„manche"	Leute
20 ... mit <u>ihrer</u> inneren Verfassung (Z. 26	„ihrer"	schön geschminkte Leute, die traurig dasitzen
21 ... bei <u>jedem</u> ein paar Gags (Z. 28)	„jedem"	Auftritt
22 ... legt <u>der</u> seinen Kopf zur Seite (Z. 34)	„der"	Papagei

Weiterdenken **S. 169**

 TOK **VORWORT**

Bei allen diesen Fragen reflektieren die Schüler über das Für und Wider der Ventilfunktion des Karnevals.

- Die Schüler werden unterschiedliche Antworten äußern. Es ist zu erwarten, dass einige Schüler mit diesen Witzen kein Problem haben, während andere, z. B. tief religiöse Jugendliche, sie nicht tolerieren. Wieder andere könnten fürchten, religiöse Menschen zu beleidigen.

- Die Schüler werden unterschiedliche Meinungen ausdrücken – einige finden es gut, dass man sich ungeniert austoben kann, andere finden es problematisch, dass dieses Fest als Gelegenheit genutzt wird, seinen Frust zu entladen. Bei solchen Aktionen kann es auch leicht dazu kommen, dass man über die Stränge schlägt oder Konfliktsituationen heraufbeschwört, z. B. dass man einen Partner durchs Küsschenverteilen eifersüchtig macht. Viele Menschen fliehen vor der Eintönigkeit des Alltags, einem langweiligen Job, einer routinehaften Ehe usw.

- Unterschiedliche Geschmäcke werden thematisiert und vielleicht auch der Druck, den man empfinden könnte, mit teilzunehmen, obwohl man kein Interesse hat. Die Schüler dürften alternative Vorschläge für kleine Fluchten wie Auszeiten, Reisen oder mit Freunden reden vorschlagen.

Schriftliche Übung **S. 169**

 CAS **VORWORT**

Diese Aufgabe baut auf der Thematik der zwei vorangegangenen Lesetexte auf. Bei der Aufgabe ist Folgendes zu merken:

- Es handelt sich hierbei um die Textsorte **E-Mail** von *Paper 2*.

- Die E-Mail sollte sowohl informativ als auch unterhaltsam sein, die gestresste Freundin durch persönliche Eindrücke und Erlebnisse ablenken und zum gemeinsamen Karnevalsbesuch auffordern.

- Die Aufgabe ist für *SL* und *HL* gleich, obwohl die Bewertungskriterien etwas anders sind. Näheres hierzu findet man im *Language B Guide*.

- Es gibt auf S. 335 des Schülerbuches ein Vorlagebeispiel für eine E-Mail und eine Checkliste dazu.

Rund ums Osterfest

Einstieg **S. 169**

 CAS

- Man feiert die Auferstehung Christi.

- Für die zweite und dritte Frage dürften unterschiedliche Antworten zu erwarten sein, da sie von der persönlichen Erfahrung und Einstellung der Schüler abhängen. Es ist besonders wichtig, dass alle die Chance bekommen zu erzählen und ihre Meinung auszudrücken.

Osterbräuche in Deutschland: Von bemalten Eiern und Reitern im Frack

Textverständnis `S. 171`

SCHRITT 1

1 **B.** Kinder

2 **A.** Osterhase

3 **B.** versteckt

4 **C.** Süßigkeit

5 **B.** Sorben

6 **A.** Minderheit

7 **C.** besticken (Diese sorbische Tradition des „Bestickens" von Ostereiern bedeutet Folgendes: Die Ostereier werden mit Wachs überzogen, dann werden die Muster eingekratzt und letztendlich werden die Eier gefärbt.)

8 **B.** verkünden

9 **B.** Schaulustigen

SCHRITT 2

10 **B**, 11 **D**, 12 **M**, 13 **A**, 14 **N**, 15 **F**, 16 **I**, 17 **J**, 18 **L**, 19 **C**, 20 **E**

SCHRITT 3

		Nor-den	Süden	Osten
21	Osterfeuer	X		
22	Osterwasser	X		
23	Osterreiten			X
24	Osterbrunnen		X	
25	Osterbrot	X	X	X
26	Ostereiersuche	X	X	X
27	kunstvoll gestaltete Ostereier			X

Die Osterbräuche im Westen Deutschlands werden im Text nicht erwähnt. Sie ähneln den Traditionen der anderen Regionen: Osterbrot, auch Osterlamm und die Ostereiersuche.

Schriftliche Übung `S. 172`

 CAS **VORWORT**

Diese Aufgabe baut auf der Thematik des vorangegangenen Lesetextes über deutsche Ostertraditionen auf. Bei der Aufgabe ist Folgendes zu merken:

- Es handelt sich hierbei um die Textsorte **Interview** von *Paper 2*.

- Das Interview sollte viele Informationen über deutsche Osterbräuche enthalten und auch auf die regionalen Unterschiede eingehen.

- Die Aufgabe ist für *SL* und *HL* gleich, obwohl die Bewertungskriterien etwas anders sind. Näheres hierzu findet man im *Language B Guide*.

- Es gibt auf S. 336–337 des Schülerbuches ein Vorlagebeispiel für ein Interview und eine Checkliste dazu.

Es weihnachtet sehr!

Einstieg `S. 172`

 CAS

- Auf die ersten Fragen sind ganz unterschiedliche Antworten zu erwarten. Viele Schüler werden Weihnachten feiern und von den landesspezifischen Bräuchen berichten, auch wenn sie vielleicht die religiösen Aspekte von Weihnachten nicht feiern. Wenn es in der Klasse Schüler gibt, die keine Erfahrungen mit dem Weihnachtsfest haben, können sie davon berichten, was sie darüber in den Medien gesehen haben. Hier sollten Sie Schüler ermutigen, ihre landestypischen Weihnachtsbräuche zusammenzutragen und diese ausgiebig zu beschreiben.

- Letzte Frage: Viele Schüler haben sicherlich vom Tannenbaum, von Lebkuchen oder Weihnachtsmärkten gehört. Letztere sind jetzt internationale Exportware: http://www.weihnachtsmarkt-deutschland.de.

Weihnachtszauber

Textverständnis `S. 176`

SCHRITT 1

1 **G**, 2 **D**, 3 **I**, 4 **A**, 5 **C**, 6 **E**, 7 **H**, 8 **B**, 9 **F**

SCHRITT 2

In der Zeile ...	bezieht sich das Wort ...	auf ...
1	weil man <u>die</u> super (Z. 22– 23)	„die"	Butterplätzchen
2	<u>der</u> darf in keinem Jahr fehlen (Z. 25)	„der"	Adventskalender
3	hinter <u>deren</u> Türchen (Z. 27)	„deren"	Schokoladenkalender (Pl)
4	<u>die</u> wie Puderzucker aussieht (Z. 43)	„die"	Schneeschicht
5	<u>der</u> an Silvester jedes Jahr im deutschen Fernsehen läuft. (Z. 58)	„der"	ein englischer Sketch
6	In <u>denen</u> steckt meistens (Z. 62)	„denen"	kleine Schweinchen aus Marzipan

SCHRITT 3

7 **D**, 8 **E**, 9 **K**, 10 **F**, 11 **B**, 12 **A**, 13 **G**, 14 **L**, 15 **H**

SCHRITT 4

16 **Falsch** (Was ich an der Adventszeit besonders liebe, das ist das Plätzchenbacken.)

17 **Richtig** (Dann lade ich meine Freundinnen zum Backen ein.)

18 **Falsch** (Am schönsten sind natürlich die Butterplätzchen, weil man die super mit Schokolade oder mit bunten Streuseln verzieren kann.)

19 **Richtig** (Meistens ist hinter dem Türchen das Bild eines pausbackigen Engels oder eine Kerze.)

20 **Falsch** (Am Vorabend des 6. Dezember stellen die Kinder ihre blankgeputzten Schuhe vor die Tür.)

SCHRITT 5

21 **A**, 22 **B**, 23 **B**

SCHRITT 6

24 **C.** vergehen

25 **A.** fehlen

26 C. überrascht

27 **B.** begrüßen

28 **A.** schenken

29 **C.** soll

30 **A.** kommenden

31 **B.** reich

32 **C.** Ebenfalls

33 **B.** kaltes

34 **C.** Prognosen

SCHRITT 7

35 Die Tatsache, dass es ein englischsprachiger Sketch, aber in England gar nicht bekannt ist. Anmerkung: Der Kult-Sketch wurde vom NDR (Norddeutscher Rundfunk) in Hamburg gedreht.

36 Man stößt mit Sekt oder Champagner auf das neue Jahr an und schießt Feuerwerksraketen ab, um das neue Jahr zu begrüßen.

Mündliche Übung S. 179

Die Schüler sammeln weitere Informationen zu einem Thema ihrer Wahl aus dem Text und dem Internet, bereiten einen Kurzvortrag vor und stellen ihr Thema der Klasse vor. Hier sind die Informationen im Text:

- Adventskranz (Z. 8–19)
- Weihnachtsplätzchen (Z. 20–24)
- Adventskalender (Z. 25–28)
- „Dinner for One" (Z. 56–60)
- Weihnachtsmarkt (Z. 38–43)
- Nikolaus (Z. 29–37)
- Bleigießen (Z. 66–68)
- Weihnachtskrippe (Z. 48–49)
- Glücksbringer (Z. 61–65)

Die Aufgabenstellung für die Schüler enthält bewusst keine Zeitvorgabe, sodass Sie selbst bestimmen können, wie viel Zeit Sie auf diese Aufgabe verwenden möchten. Schüler können kurz (2–3 Minuten) die Hauptinformationen vorstellen, sie können aber auch gebeten werden, länger zu sprechen. Sie könnten auch z. B. Informationen zur Herkunft/Geschichte dieser Tradition vortragen und ihren Vortrag mit einer PowerPoint-Präsentation, Bildern oder Gegenständen unterstützen.

Die Vorlage und Checkliste für ein Referat finden Sie im Schülerbuch auf S. 340 und S. 341.

Schriftliche Übung　　S. 179

CAS **VORWORT**

- Die Schüler verfassen eine begeisterte **E-Mail**, in der sie den Adressaten nicht nur über deutschsprachige Weihnachtsbräuche aufklären, sondern auch versuchen, ihn/sie davon zu überzeugen, nach Deutschland mitzukommen, um Weihnachten in Deutschland selbst zu erleben.

- Der Text sollte dem Format einer E-Mail entsprechen. Die Schüler sollten sich auf die Checkliste auf S. 335 des Schülerbuches beziehen. Diese Aufgabe gibt den Schülern eine Chance, Ausdrücke aus dem Kästchen anzuwenden und somit zu üben.

Weiterdenken　　S. 180

TOK **VORWORT**

- Man möchte z. B. Zuneigung, Aufmerksamkeit, Liebe ausdrücken. Die Geburt von Jesus Christus liegt dem Weihnachtsfest zugrunde. Die Weihnachtsgeschenke symbolisieren die Geschenke der Heiligen Drei Könige für das Jesuskind.

- Die Schüler geben Beispiele, die ihren eigenen Traditionen entsprechen, z. B. Geburtstag, bestandene Prüfungen, Namenstag, Konfirmation.

- Hier dürften Antworten persönlicher Natur erwartet werden. Die Schüler sollten ermuntert werden, sich in diese Problematik hineinzuversetzen und z. B. erkennen, dass Geschenke auch eine finanzielle Belastung bedeuten können oder dass oftmals viel Geld ausgegeben wird für Geschenke, die gar nicht erwünscht sind. Sie sollten hinterfragen, ob damit der eigentliche Sinn der Tradition noch erfüllt wird. Wenn sie dies noch nicht selbst erlebt haben, sollten sie sich in die Situation anderer hineinversetzen. Alternativen wie z. B. kleinere Geschenke, Spenden, selbstgebastelte Geschenke, Gutscheine für eine Einladung oder praktische Hilfe sollten gesammelt werden.

- Mögliche Vorteile: Geld sparen und trotzdem jemanden beschenken; eigene Geschenke sind nicht teuer, aber man macht sich Mühe; Spenden helfen und könnten für einen guten Zweck sein, den die Beschenkten selbst aussuchen. Mögliche Probleme: Nicht alle Schenkenden/Beschenkten haben dieselbe Meinung zu dieser Problematik, d. h. sie fühlen sich ohne Geschenk vernachlässigt, mögen den Spendenzweck nicht, schenken selbst gerne; viele Leute spenden und schenken dann doch noch etwas, d. h. es wird noch teurer.

- **Erweiterung:** Wenn es den Schülern schwer fällt, sich in diese Situationen hineinzuversetzen, kann man sie auch in kleinen Rollenspielen nachstellen und somit die Problematik verdeutlichen.

Schriftliche Übung　　S. 180

CAS **VORWORT**

Die Schüler schreiben eine leidenschaftliche **Rede**, in der sie von ihren Erfahrungen im Obdachlosenheim berichten. Darauf basierend animieren sie ihre Mitschüler mit Anekdoten und Argumenten dazu, sich von der Konsumsucht in der Weihnachtszeit loszusagen, auf Geschenke zu verzichten und stattdessen zu spenden. Der Text sollte dem Format einer Rede entsprechen. Eine Checkliste zu dieser Textsorte ist auf S. 341 des Schülerbuches zu finden.

Grammatik unter der Lupe: das Präsens

SCHRITT 1

- Die Endungen für regelmäßige Verben, z. B. *besuchen*, sind -e, -st, -t, -en, -t, -en. Verben, die auf -d/-t, -s/-ß/-z und -ern/-eln enden, unterscheiden sich ein wenig. Beispiele sind: *arbeiten, heißen, feiern* und *sammeln*.

- Den Schülern sollten *haben, sein* und *werden* einfallen, sogenannte unregelmäßige Verben. Sie sollten mit diesen drei unregelmäßigen Verben vertraut sein und in der Lage sein, sie zu konjugieren. Wenn nicht, gehen Sie mit den Schülern die Konjugation durch. Vielleicht fallen ihnen auch die Modalverben ein.

- Vokalwechsel von e zu i: *geben, helfen, nehmen, treffen*; Vokalwechsel von e zu ie: *lesen, sehen, empfehlen*; Vokalwechsel von a zu ä: *fahren, schlafen, lassen, tragen*

SCHRITT 2

1 Sie **heißt** Hannah.

2 Du **besuchst** sie zu Weihnachten in Deutschland.

3 Hannah **studiert** in Süddeutschland.

4 Wir **genießen** die vorweihnachtliche Stimmung.

5 Ihr **trinkt** Glühwein auf dem Weihnachtsmarkt.

6 Sie **singen** „Stille Nacht" in der Kirche.

SCHRITT 3

1 kommst

2 komme

3 Bist

4 habe

5 arbeitest

6 bin, machst

7 studiere, will

8 Sprichst

9 lerne, ist, gefällt

10 esse, gibt, sind, ist

11 fährst

12 fährt, Willst

Mündliche Übung S. 182

 CAS **VORWORT**

Diese Übung gibt den Schülern eine Chance, noch weitere Feste aus den deutschsprachigen Ländern kennenzulernen und außerdem die Textsorte **Referat** noch einmal zu üben, indem die Arbeit gemeinsam mit Mitschülern ausgeführt wird.

Erweiterung: Vergleichen Sie im Plenum die einzelnen Feste miteinander. Ermuntern Sie die Schüler, so viele Parallelen und Unterschiede wie möglich festzustellen. So kann man auch die verschiedenen Ursprünge für Feste vergleichen z. B. religiöse Gründe, Aberglaube, regionales Zusammengehörigkeitsgefühl, den Jahresablauf – Erntezeit, Hunger in den späten Wintermonaten usw.

Schriftliche Übung S. 182

 CAS **VORWORT**

In dieser Aufgabe üben die Schüler, eine Textsorte (Artikel, Referat, Internettext) in eine andere umzuformen. Dabei ist es wichtig auf folgende Punkte zu achten.

- Es handelt sich hierbei um die Textsorte **Blogeintrag** von *Paper 2*, und die Merkmale dieser Textsorte sollten klar berücksichtigt werden. Es gibt auf S. 325 des Schülerbuches ein Vorlagebeispiel für einen Blogeintrag.

- Die Blogeinträge über die gewählte Festlichkeit sollten viele Informationen, Anekdoten und Eindrücke enthalten und die Leser dazu auffordern, auch dieses Fest zu besuchen.

- Die Aufgabe ist für *SL* und *HL* gleich, obwohl die Bewertungskriterien etwas anders sind. Näheres hierzu findet man im *Language B Guide*.

Weiterdenken S. 182

 TOK **VORWORT**

- Sie sind wichtig für die kulturelle Identität der Region oder des Landes.

- Hier dürften interessante landesspezifische Antworten erwartet werden.

- Weitere Beispiele für die Globalisierung von Festen und Traditionen sind Halloween, Valentinstag, 1. April, Muttertag, Vatertag.

- Hier dürften zuerst Antworten persönlicher Natur erwartet werden. Die Schüler sollten ermuntert werden, sich kritisch mit diesem Punkt auseinanderzusetzen. So sollten sie zwar erkennen, dass es schön ist andere Feste kennenzulernen. Es führt aber auch dazu, dass regionale Unterschiede verschwinden und somit der erste Punkt oben nicht mehr erfüllt wird. Oft liegen kommerzielle Gründe hinter der Verbreitung verschiedener Feste, z. B. Halloween und Valentinstag, die es früher in Deutschland nicht gab.

- Hier können Parallelen zu den Erkenntnissen im Kapitel 2, **Globale Fragen**, auf S. 39 hergestellt werden.

Schriftliche Übung S. 182

CAS **VORWORT**

Die Schüler äußern sich zu folgendem Thema: Die Globalisierung von Festen und Traditionen – positiv oder negativ?

- Es handelt sich hierbei um die Textsorte **Aufsatz** von *Paper 2*.

- Die Schüler sollen sowohl Vor- als auch Nachteile besprechen, und konkrete Beispiele und Argumente nennen. Sie sollten ein Fazit ziehen und ihre eigene Meinung klar begründen.

- Die Aufgabe ist für *SL* und *HL* gleich, obwohl die Bewertungskriterien etwas anders sind. Näheres hierzu findet man im *Language B Guide*.

- Es gibt auf S. 319 des Schülerbuches ein Vorlagebeispiel für einen Aufsatz und eine Checkliste dazu.

Zur Diskussion S. 183

Hier sollen die Schüler zum Reden ermuntert werden. Diejenigen, die den Wiener Prater, das Alphornblasen, das Käsefondue und den Wiener Opernball erkennen, können ihre eigenen Erlebnisse und Eindrücke schildern. Andere können die Bilder beschreiben und Vermutungen anstellen, was sich hinter diesen Bildern verbirgt. Das Alphornblasen und das Käsefondue sind Schweizer Traditionen, die beiden anderen sind typisch für Österreich.

Erweiterung: Fragen Sie die Schüler, welche weiteren kulinarischen Spezialitäten aus der Schweiz und aus Österreich sie kennen oder schon einmal probiert haben (Wiener Schnitzel, Apfelstrudel, Kaiserschmarrn, Rösti usw.). Hier dürften, je nach Erfahrung und Wissen der Schüler bezüglich dieser deutschsprachigen Länder, weitere Ideen zu diesem Thema zusammengetragen werden.

Hornussen: Schweizer Nationalsport, der Ähnlichkeit mit Cricket und Baseball hat.

Wiener Kaffeehauskultur: eine typische Wiener Tradition und Touristenattraktion, bei der man in den berühmten Kaffeehäusern nicht nur besten Kaffee trinkt, sondern auch Zeitungen und Bücher liest, diskutiert und die Seele baumeln lässt.

Jodeln: Sowohl in der Schweiz als auch in Österreich beliebt. Beim Jodeln werden nur Silben gesungen, keine Texte.

Tiroler Maskenschnitzerei: Für die gruselige Fasnacht werden aufwendige Masken angefertigt.

In diesem Kapitel geht es um verschiedene Aspekte des

6. Gesundheit

Einheiten	**Du bist, was du isst**	**S. 73**
	Körperlich fit, geistig frisch	**S. 74**
	ADHS – wenn der Alltag zum Problem wird	**S. 78**
	Reisen macht glücklich	**S. 79**
Aspekte	Ernährung und Gesundheit Das Zusammenspiel zwischen körperlicher und geistiger Gesundheit Kinder – Krankheiten und Erziehungsprobleme Reisen – Abenteuer und Spaß	
Lernziele	**Textsorten**	Blogeintrag Forumsbeitrag Formeller Brief Gedicht Biografie
	Sprache	Konditionalsätze
	Die *IB*-Ecke	Mündliche Prüfung Schriftliche Aufgabe (*HL*) CAS TOK

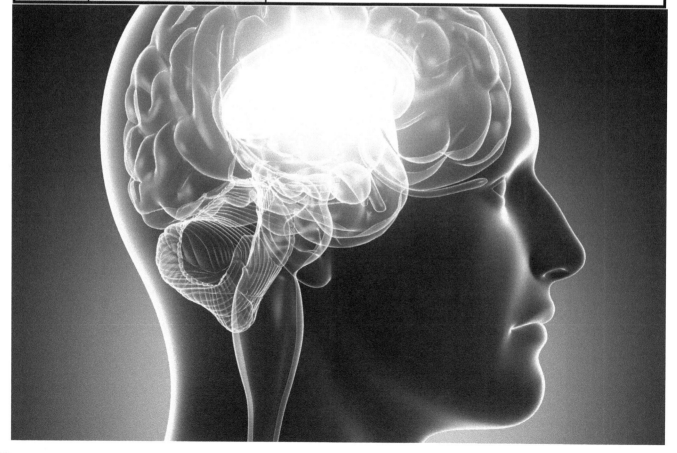

Themas Gesundheit. Ausgewählt wurden Ernährung, Bewegung und Fitness, die Krankheit ADHS und die Gefahren beim Reisen als Jugendlicher – diese Liste ist aber beliebig zu erweitern. So könnte z. B. das Internetforum über Tai-Chi zu einer Mini-Einheit über Homöopathie und traditionelle Medizin, oder auch andere asiatische Sport- und Meditationstechniken, weitergeführt werden.

Thematische Schwerpunkte

- Gesunde Ernährung ist nach wie vor ein Problem unter Schülern und hier werden einige Einstiegstipps gegeben, von denen ausgehend das Thema in unterschiedliche Richtungen weiterentwickelt werden kann.

- Zu einer gesunden Lebensart gehören heute auch Sport bzw. Bewegung und ein aktiver Lebensstil. Der historische Exkurs zu Turnvater Jahn bietet eine interessante Perspektive auf dieses Thema – das Internetforum zum Thema Tai-Chi ermöglicht weiterführende Überlegungen zu alternativen, asiatischen Interpretationen.

- ADHS ist eine Krankheit, die unter Schülern relativ weitverbreitet ist, aber nach wie vor nicht immer diagnostiziert wird. Im Text geht es ganz bewusst um jüngere Patienten, das Thema bietet aber Anlass zu weiteren Überlegungen und Diskussionen.

- Viele der *IB*-Schüler planen nach den Abschlussprüfungen große Reisen ohne ihre Eltern; viele werden von zu Hause ausziehen, um zu studieren. Die Risiken von HIV sind ganz real. Der literarische Text bietet einen neutralen Diskussionsanlass.

> ## *Du bist, was du isst*

Dieser Einheit liegt eine Website zur gesunden Ernährung zugrunde. Hier werden viele Vokabeln und Themen bereits bekannt sein, was den Schülern ausreichend Gesprächs- und Diskussionsmaterial geben wird. Das Material bietet die Chance, zum Thema sowohl alltägliche als auch medizinische Aspekte anzusprechen.

Einstieg `S. 186`

Die Schüler werden dazu aufgefordert, sich mit der Relevanz des Themas allgemein auseinanderzusetzen – generell ist die Ernährung ein aktuelles Thema und es werden viele Ideen dazu kommen. Mit der ersten Übung wird der Schwerpunkt auf die Gesundheit gelegt – hier wird es möglicherweise zu einer Diskussion darüber kommen, ob gesund das Gleiche ist wie schlank, oder ob Fast Food und Süßigkeiten gegessen werden dürfen. Es geht darum, Meinungen auszutauschen und Ideen in den Raum zu stellen.

COOL UND GESUND

Dreimal täglich Vitamine und Nährstoffe – mindestens!

Textverständnis `S. 188`

SCHRITT 1
Hier wird das Gesamtverständnis überprüft.

1 **H**, 2 **B**, 3 **F**, 4 **D**

SCHRITT 2
Hier geht es um Detailverständnis – es müssen zum Teil grammatische Formen verändert werden. Die hier angegebenen Antworten decken nicht alle möglichen richtigen Antworten ab.

5 … wie Körper und Gehirn funktionieren.

6 … bewegen.

7 … ihr genauso viel Energie verbraucht, wie ihr aufnehmt.

8 … neue Freunde.

9 … schwimmt, Fahrrad fährt oder tanzt.

10 … ein Frühstück.

11 … starke Knochen zu entwickeln.

12 … Milchprodukte oder grünes Gemüse isst.

Mündliche Übung `S. 188`

Hier geht es um die mündliche Interaktion – Schüler werden mit der Form und dem Vokabular (Fragewörter) relativ vertraut sein. Es sollte natürlich sensibel darauf geachtet werden, dass kein Schüler in irgendeiner Form bloßgestellt wird – diese Umfrage kann auch außerhalb der Klasse unter Mitschülern stattfinden, aber dann müssen die Antworten übersetzt werden. Die Präsentation vor der Klasse sollte dann schon formal und sachlich sein.

Schriftliche Übung · S. 188

VORWORT

Hier stehen zwei Aufgaben zur Auswahl, aber es bleibt natürlich Ihnen als Lehrer überlassen, ob die Schüler vielleicht eine in der Klasse und die andere als Hausaufgabe bearbeiten. Checklisten und Vorlagebeispiele zu beiden Textsorten sind in dem Schülerbuch in Kapitel 10 zu finden.

1 Das **Flugblatt** sollte im Stil und von der Aufmachung her jugendlich sein, deshalb die Aufforderung zu illustrieren. Die Schüler werden auf die Checkliste auf S. 333 des Schülerbuches hingewiesen.

2 **Schülerzeitungsartikel** sollen das Publikum ansprechen, also bei Wahrung der Artikelaufmachung (Schlagzeile, Autor, Untertitel, Bild, Bildunterschrift) doch auch entsprechend lockere und zwanglose Sprache enthalten. Oftmals verwechseln Schüler den Artikel jedoch mit einem offenen Brief – hier ist auf die typischen Textsortenmerkmale in der Checkliste auf S. 347 des Schülerbuches zu achten.

Cristabellas Blog

Bei diesem Text handelt es sich um einen Blog, der der Definition entsprechend so persönlich und informell gehalten ist, wie bei dieser Textsorte angemessen. Inhaltlich werden einige der Themen aus dem Bereich gesunde Ernährung aufgenommen, aber auch das Tanzen als Weg zur Fitness eingeführt.

Mündliche Übung · S. 190

Hier sollen sich die Schüler über die Form der Persönlichkeitsdarstellung Gedanken machen, die mit einem Blog verbunden wird. Durch die informelle Sprache lässt sich einiges über den Typ sagen (lebhaft, extrovertiert, auf Äußerlichkeiten achtend, spaßorientiert usw.), aber es sind auch eine Menge Fakten zum Thema zu finden (Definition von Zumba, Abnehmen usw.). Es sollten reichlich Gesprächsanlässe zu finden sein, ausgehend von Diät, Tanzen und Fitness.

Schriftliche Übung · S. 190

VORWORT

Hier sollen Schüler ihren eigenen Blog verfassen, bei dem es vor allem darum geht, zwei unterschiedliche Einträge zu konzipieren und auch darum, die angemessene Sprache zu finden. Sowohl die Checkliste als auch die Vorlage auf S. 324–325 des Schülerbuches betonen die Notwendigkeit von Umgangssprache, Emoticons und eventuell Hyperlinks usw. – das Internet unterscheidet sich im Ton deutlich vom herkömmlichen Tagebuch. Thematisch soll sich der Blog natürlich auf das Thema Ernährung beziehen, also eine Chance bieten, gelernte Vokabeln, Strukturen und Fakten anzuwenden.

Mündliche Übung · S. 190

CAS **VORWORT**

Dieses Rollenspiel kann man so gestalten, wie es im Buch steht, oder auch der Klasse bzw. der verfügbaren Zeit anpassen. Wenn die Schüler die vorherigen Aufgaben bearbeitet haben, sollten sie genug Ideen haben, um inhaltlich zu den verschiedenen Rollen beitragen zu können, aber die eigene Fantasie ist ebenfalls gefragt.

Varianten und Erweiterungsvorschläge

* Ein Schüler in jeder Gruppe könnte die zusätzliche Rolle eines Journalisten annehmen und der Diskussion folgen, um hinterher eine Berichterstattung zu geben (vielleicht als Radio-/Fernsehbericht konzipiert).

* Die Schulleiterin oder der Schulsprecher könnte am Ende alle Argumente zusammenfassen und auch eine Entscheidung bzw. einen Plan vorstellen.

Schriftliche Übung · S. 191

Hier sollen die Schüler einen **formellen Brief** schreiben – es kann nicht emphatisch genug betont werden, wie wichtig in der Prüfung die Beherrschung der Briefkonventionen ist! Der Verweis auf die Checkliste auf S. 327 des Schülerbuches ist unerlässlich. Es muss auch auf die Korrekturrichtlinien für *Paper 2* hingewiesen werden: Wenn der Brief nicht den Konventionen entspricht, also die richtige Anrede, Grußformel, sowie formelle Sprache enthält, können für das Kriterium C wenig Punkte gegeben werden. Inhaltlich können Schüler ihre Fantasie spielen lassen, oder aber auf das Rollenspiel Bezug nehmen.

> *Körperlich fit, geistig frisch*

In dieser Einheit geht es um die verschiedenen Arten und Weisen, in denen man Körper und Geist fit halten kann. Zunächst wird der traditionelle Begriff „Turnen" durch die historische Figur F. L. Jahns vorgestellt, dann die Kritik an diesem Modell durch Ringelnatz' satirisches Gedicht deutlich gemacht. Das Internetforum zu Tai-Chi bietet eine alternative Sportart und hoffentlich auch Anregung für weitere Themen und Ansätze.

Wussten Sie das? Turnen in Deutschland · S. 192

In diesem Einstieg wird F. L. Jahn vorgestellt. Jahn ist nach wie vor in Deutschland eine bekannte Persönlichkeit; sein kontroverser nationaler Idealismus, heute leider oft fehlkonstruiert als Verbindung zum Nationalsozialismus, könnte mit *HL*-Klassen interessante Diskussionspunkte eröffnen. Jahn wird hier als nationalistisch gesonnen vorgestellt – in seinem historischen Kontext war das durchaus ehrenwert.

Friedrich Ludwig Jahn (1778–1852), Begründer des Turnens, Abgeordneter, Lehrer

Stilistische Übung `S. 193`

- Lebensdaten: geboren 1778, gestorben 1852

- Herkunft: Sohn des Dorfpfarrers in Lanz bei Lenzen (heute: Brandenburg)

- Schulbildung: Gymnasium in Berlin, Studium in Halle

- einschneidendes Erlebnis: wird Zeuge der Niederlage Preußens gegen Napoleon

- besondere Merkmale: geht als Lehrer mit seinen Schülern zu Übungen ins Freie

- Philosophie, Einfluss auf andere: Pflege der deutschen Sprache, Bildung des ganzen Menschen, des Körpers sowie des Geistes

Schriftliche Übung `S. 193`

VORWORT

Nach dem Modelltext und anhand der Erklärungen sollten hier weitere Kurzbiografien erstellt werden – die Namensliste ist völlig frei gewählt und kann beliebig ergänzt oder ausgetauscht werden. Vor allem geht es darum, das Interesse der Schüler an deutscher Kultur und Geschichte zu wecken und sie im Internet bei Google.de frei recherchieren zu lassen. Die Elemente einer Biografie finden sich in der Checkliste auf S. 323 des Schülerbuches.

Mündliche Übung `S. 193`

VORWORT

Hier geht es um die Umsetzung der Übung in die gesprochene Sprache. Das Rollenspiel bietet Anlass zu einer lockeren Improvisation – die Aufforderung, Requisiten und etwas Bühnentechnik zu benutzen, ist zwar etwas aufwendig, wird aber von Schülern als motivierend empfunden.

Friedrich Ludwig Jahn zum Geburtstag

Wussten Sie das? Turnstunde `S. 195`

Diese Bemerkungen dienen zur Vertiefung des Themas und können in die Diskussion mit eingebracht werden. Die Etymologie bietet einen Anlass ähnliche Nachforschungen zu anderen Wörtern anzustellen.

Textverständnis `S. 196`

SCHRITT 1

1 **D**, 2 **A**, 3 **B**, 4 **C**

SCHRITT 2

5 **Richtig** (… eine … Menschenschar … in Bewegung setzen)

6 **Falsch** (den Lebensstil der folgenden Generationen … umkrempelten)

7 **Falsch** (… meinen Wochenrhythmus: Montags, dienstags und freitags bin ich in der Turnhalle)

8 **Falsch** (… geht es vielen zehntausenden … Übungsleitern …)

9 **Richtig** (Der Stein, den Sie … ins Rollen brachten, erfüllt uns heute noch mit Begeisterung)

10 **Richtig** (… unsere Schützlinge vom Kinder- bis zum Seniorenalter)

SCHRITT 3

11 **D**, 12 **F**, 13 **I**, 14 **C**, 15 **J**

SCHRITT 4

zu Jahns Lebenszeit	heute
– Turnplätze	– Studios (überdacht, geheizt, teuer)
– körperliche Ertüchtigung (*Dieser Begriff wird heute nicht mehr benutzt; wir sprechen stattdessen von Fitnesstraining.*)	– Fitnessstudio
	– Kraftmaschinen
– Reck	
– Barren	
– Klettergerüst	

Schriftliche Übung `S. 197`

VORWORT

Hier wird die Übung zur Kurzbiografie noch einmal aufgenommen. Eine Checkliste für den **formellen Brief** gibt es auf S. 327 des Schülerbuches.

Schriftliche Übung `S. 198`

HL **VORWORT**

Hier handelt es sich um eine Übung der *HL*-Schüler für die Stellungnahme in *Paper 2*. Eine Checkliste für diese Textsorte gibt es auf S. 319 des Schülerbuches.

Die altertümliche Sprache dieses Zitates würde sich in einem Prüfungspapier sicherlich nicht finden, aber das Zitat regt zum Nachdenken über das Selbstverständnis der Schüler heute im Vergleich zum historischen Kontext an. Es gibt von Jahn noch viele andere Zitate, zu vielen verschiedenen Themen, die alle für solche Übungen geeignet sind, z. B.:

* „Der Mann soll kein Schaustück der Frau, sie kein Spielzeug für ihn werden."

* „Man muß etwas von der Vernunft erwarten, mehr von der öffentlichen Meinung und alles von der Zeit."

* „Ein Volk lebt, webt, steht und vergeht mit seiner Sprache."

* „Ein Volk, das ein wahres, volkstümliches Bücherwesen besitzt, ist Herr von einem unermeßlichen Schatze."

* „Gemeinwohl, Gemeingeist, Gemeinwesen sind die Paten jeder geschichtlichen Entwicklung."

Mündliche Übung `S. 198`

In dieser Übung werden die Schüler dazu aufgefordert, selbstständig zum Thema Jahn und dem Sport in seiner Zeit zu recherchieren, sowie den Vergleich zur heutigen Zeit anzustellen. Dabei werden möglicherweise Fragen zu der in der Einleitung zum Text erwähnten Verbindung zum Nationalsozialismus aufkommen, was eine interessante Verbindung zu *TOK* ergibt. Wie weit auf solche Fragen eingegangen werden kann, hängt natürlich von den sprachlichen Fähigkeiten der Schüler ab, aber die Diskussion kann auch in der Muttersprache geführt werden – relevant ist sie bestimmt.

Erweiterung: Eine weitere interessante und motivierende Informationsquelle ist der Film „Der Große Traum" mit Daniel Brühl; hier geht es um die Frage, wieso der Fußball im Kaiserreich als so radikal und gefährlich galt.

Ruf zum Sport

Ringelnatz ist ein deutscher Lyriker, der durch seine ironischen Nonsens-Gedichte berühmt geworden ist. Die Ironie und Satire in diesem Gedicht sind nicht immer leicht zu verstehen. Bereiten Sie die Schüler darauf vor, dass der Stil des Gedichts ungewöhnlich ist. Er unterstützt die Satire, indem bewusst verschiedenste Reimarten und Verslängen mit Neologismen und absichtlich falsch angewandter Grammatik eingesetzt werden.

Beginnen Sie mit dem ersten Schritt der Textverständnisübung, die sich auf die ersten drei Strophen bezieht. Falls die Schüler dies schwierig finden, fordern Sie sie auf, die nächsten drei Strophen zu betrachten. So bekommen sie einen Eindruck vom Reim und den anderen Elementen von Ringelnatz' ungewöhnlichem Stil. Dies hilft dann bei der Auswahl der fehlenden Wörter in den ersten drei Strophen.

Erweiterung: Falls die Schüler Ironie und Satire schwierig finden, bitten Sie sie in kleinen Gruppen jeweils eine Strophe anzusehen und herauszuarbeiten, welche Worte eine ironische Dimension haben könnten. Die einzelnen Abschnitte können auch pantomimisch dargestellt werden, während ein Schüler den Text laut vorliest.

Textverständnis `S. 200`

SCHRITT 1

1 steifen

2 Büros

3 los

4 Gläser

5 frischen

6 Wintersport

7 führt

8 bedeckt

9 Ruhm

SCHRITT 2

10 **H**, 11 **B**, 12 **C**, 13 **F**, 14 **A**

SCHRITT 3

B

Schriftliche Übung `S. 201`

Gedichte schreiben ist nicht einfach, macht aber Spaß. In dieser Übung werden die notwendigen Schritte einzeln aufgelistet – das Ringelnatzgedicht zeigt, dass man kurze Sätze auch nicht am Zeilenende enden lassen muss. Wenn erst einmal die zentralen Wörter identifiziert wurden, finden sich leicht Reimwörter, die ja hier nicht ganz ernsthaft sein müssen. Hier sollen die Schüler dazu angeregt werden, eigenständig zu recherchieren. Im Internet gibt es Websites, die bei der Suche nach Reimen helfen. Es dürfen auch ungewöhnliche Reime verwendet werden! Das Gedicht kann ganz einfach sein, aber Zweck der Aufgabe ist es, einmal in einer ungewohnten Textform kreativ zu sein. Die meisten Schüler haben mit Gedichten keine Probleme, sondern finden es unterhaltsam, einmal mit Reim und Rhythmus zu experimentieren.

Einstieg `S. 201`

Hier haben die Schüler Gelegenheit, sich mit dem Vokabular dieses Themas vertraut zu machen. Sie können bei dieser Übung auch mögliche Vokabellücken füllen und sich auch über den Begriff „cool" unterhalten – dabei können auch Themen wie Gruppenzwang angesprochen werden. Interessant wäre es natürlich auch, wenn einige Schüler Erfahrung mit Kampfsportarten haben und demonstrieren können, worum es dabei geht.

Tai-Chi als Jugendliche lernen? Und wo?

Mit diesem Internetforum wird eine Sportart vorgestellt, die nicht unbedingt als „cool" gilt und nicht von vielen Jugendlichen betrieben wird, aber das ist genau das Thema, das diskutiert werden kann. Der Blick nach China bietet eine Möglichkeit „international" zu arbeiten, wie es in den IB-Lernzielen vorgesehen ist.

Textverständnis `S. 204`

1 Durch das Chinesischlernen.

2 Man sieht nur Erwachsene und Rentner und vereinzelt Kindergruppen.

3 Sie betont, dass sie nicht nur mit Jugendlichen lernen will/muss.

4 Volkshochschulkurse sind recht kostengünstig und das Angebot ist riesig.

5 In China wird auch Tai-Chi für Jugendliche gelehrt, aber es gibt verschiedene Arten.

6 Er und seine Frau haben in China nur ältere Menschen beim Tai-Chi gesehen.

7 Puuuuuh!, ;-), :-), ;-))

Grammatik unter der `S. 204` Lupe: Bedingungen formulieren

1 … wenn es nicht im Trend liegt.

2 … wenn man einen Lehrer sucht.

3 … falls man zu Hause zur Unterstützung des Unterrichts trainieren will.

4 … wenn ein Lehrer etwas von der Philosophie vermittelt.

Schriftliche Übung `S. 205`

VORWORT

Hier stehen zwei Übungen zur Auswahl, aber es bleibt natürlich Ihnen als Lehrer überlassen, ob die Schüler vielleicht eine in der Klasse und die andere als Hausaufgabe bearbeiten.

1 Hier soll der informelle Stil in einen **formellen Brief** umgewandelt werden. Dazu können die wichtigen Fakten in einer Vorbereitungsphase unterstrichen werden. Die Checkliste für einen formellen Brief befindet sich auf S. 327 des Schülerbuches.

2 Hier wird das Internetforum weitergeführt – die Checkliste für einen **Forumsbeitrag** befindet sich auf S. 325 des Schülerbuches.

Schriftliche Übung `S. 205`

Hier wird die Internetforumsübung fortgesetzt, aber nun sollen Schüler ihre eigenen Beiträge entwerfen. Die Grunddaten sind vorgegeben, aber es können weitere Informationen erfunden werden.

Weiterdenken `S. 205`

Dies ist eine offene Übung, in der Schüler ihren Interessen folgen können. Die Präsentationen sollten im Stil eines Referates relativ formell sein.

Mündliche Übung

VORWORT

Zu diesen Bildern gibt es einige Fragen, die den Schülern dabei helfen sollen, eine Bildbesprechung zu strukturieren. Die Fotos sind sehr unterschiedlich, können aber zueinander in Beziehung gesetzt werden und damit eine Diskussion inspirieren. Die Schüler können sich in kleinen Gruppen mit einem oder zweien der Bilder beschäftigen und die Fragen durchgehen.

Erweiterung: Gruppen können gebeten werden, der ganzen Klasse ihre Gedanken zu präsentieren.

> *ADHS – Wenn der Alltag zum Problem wird*

Dieses Thema behandelt einen Bereich, der sensibel gehandhabt werden muss – obwohl ADHS häufig vorkommt und inzwischen als ähnlich „normale" Störung wie Legasthenie angesehen wird, ist das nicht in allen Kulturen gleichermaßen alltägliches Gesprächsthema. Die Fallbeispiele handeln absichtlich von jüngeren Kindern, um erst mal eine gewisse Distanz zu schaffen.

ADHS – Was bedeutet das?

Textverständnis

SCHRITT 1

Welches der Kinder ...	Timo	Sarah	Ralf
... macht zu Hause viel Krach?	X		
... streitet sich viel?	X		X
... macht Sachen kaputt?	X		
... kann sich nicht konzentrieren?	X	X	X
... träumt viel?		X	
... ist vergesslich?		X	
... macht den Eltern das Leben schwer?	X	X	X
... wird viel ermahnt?	X	X	X
... hat keinen Bock auf Schule?			X
... kapiert manchmal einfach nichts?			X

SCHRITT 2

1	tausend	5	verzweifelt	9	meckern	13	Schule
2	Getöse	6	gedankenverloren	10	Lust		
3	trotz	7	beschäftigt	11	quält		
4	konzentrieren	8	Ausflug	12	Auseinandersetzungen		

Weiterdenken

Hier werden die Schüler dazu aufgefordert, über ADHS im Alltag nachzudenken. Es sollte bei der Diskussion immer auf eine positive Perspektive geachtet werden; die Schüler sollen lernen, dass es sich hier nicht um ein Defizit oder einen Mangel handelt, sondern um eine Störung, auf die Rücksicht genommen werden muss. Ideal wäre es, wenn Schüler bei der Suche nach Information Eigeninitiative ergreifen.

Die Geschichte vom Zappel-Philipp

Bei dieser Geschichte handelt es sich um einen Klassiker in der deutschen Kinderliteratur. Vor einigen Jahren, als man auch das Für und Wider von Märchen für Kinder diskutierte, gab es Stimmen, die versuchten, die Geschichten und Bilder in den Büchern von Dr. Hoffmann als zu brutal zu verunglimpfen. Dies hat sich aber inzwischen wieder gegeben. In der Diskussion um ADHS wird der Zappel-Philipp fast immer als frühes Beispiel für das Krankheitsbild zitiert.

Da es sich hier um einen historischen Text handelt, werden nicht immer die modernen Rechtschreibregeln eingehalten (z. B. bei „mißfällt").

Textverständnis `S. 211`

1 **B**, 2 **A**, 3 **B**

4 Philipp schaukelt zu wild, der Stuhl fällt nach hinten und er greift nach dem Tischtuch.

5 Die Suppenschüssel ist zerbrochen.

Mündliche Übung `S. 211`

Hier ist der Fantasie keine Grenze gesetzt – Schüler können pantomimisch arbeiten, oder im Stil eines Bänkelsängers vortragen, oder aber auch eine „moderne" Version mithilfe einer PowerPoint-Präsentation herstellen. Dazu könnte der Text in moderne Prosa umformuliert werden und Illustrationen aus dem Internet gesucht werden. Auch musikalische Untermalung ist möglich, sowie den Inhalt mit Movie Maker als kleinen Film nachzustellen. Das hängt natürlich von den Möglichkeiten der IT-Ausstattung der Schule ab, weshalb die Aufgabe im Schülerbuch eher vorsichtig und allgemein formuliert ist.

Zur Diskussion `S. 211`

Diese Übung bereitet die nachfolgende schriftliche Ausarbeitung vor. Hier können Sie nun erklären, dass der Zappel-Philipp tatsächlich oft in Literatur zum Krankheitsbild zitiert wird. Die meisten Parallelen findet man mit Timo, aber auch mit Ralf. Schwierigkeiten bei der Konzentration und Träumen werden nicht erwähnt, wahrscheinlich weil früher ein ruhiges Kind, das still am Tisch saß, als brav befunden worden wäre.

Schriftliche Übung `S. 211`

VORWORT

Auch bei dieser Aufgabe geht es um die Umsetzung einer Textsorte in eine andere. Die Checkliste für einen **Zeitungsbericht** auf S. 347 des Schülerbuches sollte konsultiert werden.

Erweiterung: Es können auch andere Textsorten gewählt werden, wie z. B. der neutrale Bericht eines Besuchers, eine E-Mail der Mutter an ihre beste Freundin oder der formelle Brief des Vaters an einen Lehrer oder Psychologen.

Weiterdenken `S. 211`

Hier werden die Schüler dazu aufgefordert, selbstständig auf Informationssuche zu gehen, eines der Lernziele des *IB* insgesamt. Sie können das Internet benutzen, sich in Chatrooms oder Foren schlau machen, oder auch in Magazinen, Zeitungen und Nachschlagewerken nach Daten suchen. ADHS ist ein Thema, das vorsichtig diskutiert werden muss, falls betroffene Schüler sich in der Lerngruppe befinden, aber es ist gleichzeitig eines, das der Aufklärung bedarf. Die Frage nach der historischen Sichtweise bietet eine Gelegenheit zum Perspektivenwechsel; Schüler reflektieren ihre eigene Situation und Kontext im Vergleich mit der Vergangenheit. Es sollte auch deutlich gemacht werden, dass der Struwwelpeter das erste Kinderbuch überhaupt war, das direkt für Kinder geschrieben wurde.

Erweiterung: Sie können mit den Schülern auch besprechen, ob sie solche Bücher als für Kinder geeignet halten. Diskutieren Sie zum Beispiel, was die Schüler außerdem von Märchen halten, und welche Bücher man ihnen als Kindern vorgelesen hat.

Reisen macht glücklich

In dieser Einheit geht es um ein Thema, das für viele Schulabgänger real und aktuell ist – das Reisen auf eigene Faust, ohne die Aufsicht der Eltern. So eine Reise, die nicht pauschal gebucht, sondern oft individuell organisiert wird, bietet Gelegenheit, neue Leute kennenzulernen und Grenzen auszuprobieren. An die damit verbundenen Risiken denkt man oft nicht, und hier bieten ein Auszug aus einem autobiografischen Text und einer aus einer amtlichen Aufklärungsbroschüre viel Anlass zu Diskussionen und weiterführenden Gedanken, die auf eigene Wünsche und Ziele bezogen werden können.

Einstieg `S. 212`

Die Schüler werden in dieser Einheit in ihrer Lebenswirklichkeit angesprochen – in der Zeit nach dem *IB* planen viele lange und abenteuerliche Reisen, die erhebliche Risiken mit sich bringen. HIV/Aids ist trotz aller Aufklärung immer noch ein Tabuthema, und mit dem literarischen Einstieg soll ein neuer Blickwinkel auf das Thema gegeben werden. Die dann folgende Broschüre ist authentisch – hier wird gezeigt, dass die Zentrale für gesundheitliche Aufklärung versucht, Jugendliche direkt anzusprechen.

„Wohin Du auch gehst"

Benjamin Prüfer hat den Roman „Wohin Du auch gehst" 2007 veröffentlicht, ein Jahr nach seiner Heirat mit Sreykeo in Kambodscha. In Deutschland wurde er in dem Magazin „NEON" abgedruckt und war ein sofortiger Erfolg. 2009 hat Detlev Buck dann den dazugehörigen Film gedreht, der ebenfalls in deutschen Kinos ein Erfolg war. Durch den Schauplatz Kambodscha und die für Jugendliche oft aktuellen Themen wie Reisen im Ausland und ungeschützter Geschlechtsverkehr bzw. Verhütung könnte dieser Textauszug sowohl Anreiz bieten, das ganze Buch zu lesen oder den Film zu sehen, aber öffnet auch den Blick für *TOK*-Diskussionen.

Textverständnis $\quad$ S. 213

SCHRITT 1

1 **E**, 2 **J**, 3 **F**, 4 **H**, 5 **C**

SCHRITT 2

6 Ob sie noch Kinder bekommen kann.

7 Was soll man in diesem Moment auch sagen? (oder: Was man auch sagt, es ist immer falsch.)

8 Alleinsein war unerträglich.

9 Er ließ ihn bei sich sitzen, ohne viele Fragen zu stellen.

10 **C**

Weiterdenken $\quad$ S. 213

Bei dieser Frage geht es um die Art von moralischem Dilemma, die Schüler aus dem *TOK*-Unterricht kennen. In den *TOK*-Büchern gibt es verschiedene Fallstudien und Übungen zu solchen Diskussionen, die sich relativ leicht in eine sprachlich weniger anspruchsvolle Fassung für den Deutschunterricht umsetzen lassen.

Schriftliche Übung $\quad$ S. 213

Bei der Schriftlichen Aufgabe (*WA*) im *HL* ist zu berücksichtigen, dass sich die eigentliche Arbeit auf den im Unterricht gelesenen literarischen Text beziehen muss. Dieser Ausschnitt bietet also nur eine Übungsmöglichkeit. Sowohl der Dialog als auch der Tagebucheintrag bieten die Möglichkeit zu vielen zusätzlichen Details, z. B. zu der Situation, die beschrieben wird. Es können Personen beschrieben werden, Schauplätze, oder auch Dialoge erfunden werden – der Fantasie sind keine Grenzen gesetzt. Eine Checkliste für die Textsorte Tagebucheintrag befindet sich auf S. 345 des Schülerbuches.

Erweiterung: Diese Autobiografie (sofern man bei einem so jungen Autor von diesem Genre sprechen kann) ist durchaus lesbar und verständlich geschrieben, kann also auch von *HL*-Schülern als Extra-Lektüre gelesen werden.

„Same Same But Different" ist der Titel der Verfilmung dieses Buches, die gut gemacht und unterhaltsam ist. Schüler könnten diesen Film als Hausaufgabe ansehen und damit bietet sich die Möglichkeit an, eine weitere schriftliche Übung einzufügen (Rezension, Dialog usw.). Auch der Trailer könnte schon einen guten Einstieg bieten, doch YouTube ist natürlich nicht überall verfügbar.

Reiselust

Dieser Textauszug aus der Broschüre der Bundeszentrale für gesundheitliche Aufklärung geht genau auf das Thema des Romans ein. Hier werden Schüler mit relativ jugendlicher Sprache angeredet, und es werden einige nützliche Informationen vermittelt.

Textverständnis   S. 215

SCHRITT 1

1 **G**, 2 **H**, 3 **E**, 4 **C**

SCHRITT 2

5   Leser werden geduzt/mit Du angeredet.

6   Sie sind nicht üblich oder erregen sogar Anstoß.

7   Man kann ein Kondom benutzen.

8   Durch einen Bluttest (nach mehreren Wochen oder Monaten).

9   Man kann das Virus an andere weitergeben.

10 **C**

11 **B**

12 **C**

13 **B**

14 Fakten zu HIV:

Fakten zu HIV	Fakten zum Schutz vor Infektionen
1 HIV ist eine Geschlechtskrankheit, die zu Aids führt.	1 Unbedingt ein Kondom benutzen.
2 Die Ansteckung bleibt zunächst unbemerkt.	2 Die Pille schützt nicht vor HIV-Infektionen.
3 HIV kann mit einem Bluttest nach einigen Wochen festgestellt werden.	3 Ohne Schutz miteinander zu schlafen ist riskant.
4 Zwischen Ansteckung und Ausbruch liegen einige Jahre.	4 Es gibt wirksamen Schutz.
5 Der Infizierte/Die Infizierte kann das Virus weitergeben, auch wenn er/sie körperlich gesund ist.	5 Ein Kondom ist das einzige Mittel, das ausreichend schützt.
6 Man sieht nicht, ob jemand infiziert ist.	6 Ansteckung ist möglich, wenn man nur ein einziges Mal ohne Kondom mit jemandem schläft.

Schriftliche Übung   S. 215

VORWORT

Diese Aufgabe entspricht der Formulierung in *Paper 2* – Schüler werden dazu aufgefordert, eine **E-Mail** zu schreiben, in der sie die Informationen aus diesem Abschnitt verarbeiten können. Hier soll vor allem darauf geachtet werden, dass diese Fakten auch wirklich vorkommen – zur Vorbereitung sollte noch einmal auf die Bewertungskategorien zum Inhalt hingewiesen werden. Unter Umständen können Schüler hier auch in Gruppen arbeiten, und/oder ihre Arbeiten gegenseitig bewerten. Eine Checkliste zu dieser Textsorte finden Sie auf S. 335 des Schülerbuches.

7. Freizeit

		Musik heute	S. 83
Einheiten		**Fußball – eine Männerdomäne?**	S. 84
		Reisen	S. 87
Aspekte		Facetten der Musikwelt	
		Die Geschichte und Bedeutung des Frauenfußballs	
		Ferien und Reisen als Erweiterung des eigenen Horizonts	
Lernziele	**Textsorten**	Blogeintrag	
		Leserbrief	
		Broschüre	
	Sprache	Meinungen und Gründe	
		Präteritum	
	Die *IB*-Ecke	Mündliche Einzelprüfung	
		Mündliche interaktive Prüfung	
		TOK	

In diesem Kapitel geht es um verschiedene Aspekte des Themas Freizeit. Ausgewählt wurden Musik, Sport und Reisen – diese Liste ist aber beliebig zu erweitern. Das Kapitel greift auch Themen aus anderen Kapiteln wieder auf, vertieft oder erweitert sie.

Thematische Schwerpunkte

- Die Schüler befassen sich mit Musik, einem integralen Bestandteil des Lebens vieler Jugendlicher, mit spezifischem Fokus auf Musikfestivals und das zunehmende Umweltbewusstsein in der Musikbranche.

- Fußball – eine Sportart im Umbruch? Männerfußball erfreut sich unangefochten großer Beliebtheit, aber wie steht es mit dem weiblichen Gegenstück? Die Schüler erhalten einen Überblick über die Anfänge des Frauenfußballs bis hin zur Gegenwart, die nach wie vor Hindernisse für die Spielerinnen bereithält. Sie erhalten ebenfalls Gelegenheit, kritisch darüber zu reflektieren, warum der Frauenfußball immer noch deutlich im Schatten des Männerfußballs steht.

- Viele *IB*-Schüler haben während der Schulzeit Gelegenheit, mit Mitschülern auf Ausflügen und Austauschprogrammen zu verreisen. Der Text berichtet von der mehrmonatigen Schiffsreise einer Schulklasse, die nicht nur Wind und Wetter, sondern auch zwischenmenschlichen Hindernissen trotzten. Nach Beendigung des *IB* packt viele Jugendliche das Reisefieber. Die Schüler setzen sich mit den unterschiedlichen Erfahrungen von Reiselustigen auseinander.

> ## *Musik heute*

Fokus dieser Einheit ist es, sich einen kurzen Überblick über die deutsche Musikszene zu verschaffen. Anhand eines Erfahrungsberichts eines Fans erarbeiten die Schüler Details über die Festivalszene. Die Einheit beleuchtet auch die Bemühungen der Popindustrie, grün zu sein, oder sich mit einem grünen Image zu schmücken.

Zur Diskussion | S. 220

Das Musikquiz sollte den Einstieg erleichtern. In Klammern gibt es einige zusätzliche Hintergrundinformationen.

1 **C** (Nicole gewann 1982; Lena gewann 2010)
Anmerkung: Auf Deutsch spricht man jetzt auch vom „Eurovision Song Contest",

2 **B**, 3 **A** (in Namibia gibt es eine deutschsprachige Minderheit, weil es einmal deutsche Kolonie war),

4 **D**, 5 **C**, 6 **C**, 7 **A**, 8 **C**, 9 **A**
Erweiterung: Die Schüler können als Folgeübung eine der im Kasten aufgelisteten Musikgruppen oder Solokünstler näher recherchieren und der Klasse vorstellen. Zur Übung der mündlichen Einzelprüfung können sie auch Fotos dieser Bands aufgrund ihrer Recherchen näher besprechen.

Einstieg | S. 222

Alle Fotos zeigen Situationen, die mit Konzerten und Musikfestivals zu tun haben. Die Schüler tragen verschiedene Erfahrungen und Meinungen zusammen. Es gibt sowohl zahlreiche Vorteile als auch Nachteile von diesen Veranstaltungen, hier sind einige Beispiele:

Vorteile: gute Stimmung; Gruppengefühl; neue Leute kennenlernen; die Künstler, die man live erleben kann; etwas für jeden Geschmack; Abenteuer

Nachteile: mangelnde Hygiene; zu viele Leute; viel Müll; überteuerte Tickets; eventuell schlechtes Wetter

Festival-Hopping für Fortgeschrittene: Drei Monate Wahnsinn

Textverständnis | S. 224

SCHRITT 1

1 Die Festivals geben ihm Energie und eine Art Auszeit von seinem normalen Studentenleben. So sagt er selbst im letzten Satz, dass es ihm ohne seine Festivals zu langweilig würde. Er liebt den „Ausnahmezustand", der bei Festivals herrscht.

2 Er sammelt die bunten Eintrittsbänder der Festivals.

3 Er finanziert seine Reisen, indem er Pfanddosen und Flaschen einsammelt. Außerdem trampt er und andere helfen ihm aus, indem sie z. B. Essen mit ihm teilen oder ihn auf dem Sofa schlafen lassen.

4 Hier werden die persönlichen Meinungen der Klasse zusammengetragen.

SCHRITT 2

5 **Richtig** (Fast 12.000 Kilometer trampte er durch Dänemark, Norwegen, Schweden, Deutschland, Frankreich und Spanien.)

6 **Falsch** Er sieht sie nicht als Nachteil. („Und überall sieht man glückliche Gesichter")

7 **Richtig** („Oft muss ich spontan entscheiden, wo es als Nächstes hingehen soll und welches Open Air zu erreichen ist")

8 **Falsch** Er trampt. („Diese Hilfsbereitschaft ist aber natürlich etwas Besonderes", betont er, „ohne sie würde ich meine beiden Hobbys, Musik und Reisen, nicht verbinden können.")

SCHRITT 3
9 **D**, 10 **A**, 11 **F**, 12 **J**, 13 **I**, 14 **K**, 15 **G**

SCHRITT 4
16 **J.** eher
17 **C.** verbissen
18 **H.** Bestehen
19 **I.** vergeblich
20 **E.** treiben
21 **F.** trotzdem

Schriftliche Übung `S. 225`

Die Schüler sollten anhand der Erklärungen kreative, aber sachlich gehaltene **Blogeinträge** über einen Zeitraum von drei Tagen verfassen, und sich dabei auf die Checkliste für diese Textsorte auf S. 325 des Schülerbuches beziehen. Inhaltlich können sie auf Ideen aus der Einstiegsdiskussion zurückgreifen und auch von Nachteilen sprechen. Das Festival muss dem Besucher nicht unbedingt gefallen.

Einstieg `S. 226`

- Vorteile: Musik hat einen positiven Einfluss auf den Körper und die Lernfähigkeit des Menschen, man kann seinen Gefühlen Ausdruck verleihen, Musik verbindet als universelle Sprache die Menschen miteinander; Nachteile: eine Unzahl von gewaltverherrlichenden und sexistischen Texten und Musikvideos usw.

- Es gibt unzählige Benefizveranstaltungen und Musikprojekte zugunsten der Dritten Welt, z. B. Band Aid.

- Die Musikbranche und ihre Künstler haben sowohl positiven als auch negativen Einfluss auf die Umwelt: Einerseits sind Videodrehs und Tourneen kaum umweltfreundlich, andererseits gibt es immer mehr umweltbewusste Bands wie z. B. Coldplay, die für jede Reisemeile einen Baum anpflanzen und auch ihre Fans dazu aufrufen.

Klimawandel in der Popmusik

Textverständnis `S. 228`

SCHRITT 1

1 Diesmal floss der Schweiß der Tanzenden auf Fahrrädern, die Strom für Schweinwerfer und Kameras produzierten.

2 Sie haben den ersten klimafreundlichen Videoclip der Popgeschichte gedreht.

3 Immer mehr Musiker setzen sich für die Umwelt ein, so z. B. Lady Gaga, Elton John, Bruce Springsteen, Sting und viele andere.

4 Die Unterhaltungsindustrie bläst selbst gewaltige Mengen an Kohlendioxid in die Atmosphäre, wenn bei Tourneen oft mehrere Dutzend Lkw die Bühnenaufbauten durch das Land karren, die Entourage der Stars durch die Welt jettet oder bei Open-Air-Festivals Zehntausende im eigenen Auto anreisen und kampieren.

5 Das Festival mühte sich, die anfallenden CO_2-Emissionen möglichst gering zu halten: Die Werbeflyer wurden auf Recyclingpapier gedruckt und die Besucher wurden angehalten mit öffentlichen Verkehrsmitteln anzureisen.

SCHRITT 2

6 **A**, 7 **C**, 8 **J**, 9 **D**, 10 **B**, 11 **H**, 12 **F**, 13 **K**, 14 **N**

Weiterdenken `S. 228`

Die Fragen bieten erneut Gelegenheit über Umweltschutz nachzudenken. In kleinen Gruppen sollte über weitere Maßnahmen diskutiert werden, so z. B. würden sich regionale Konzerte anstatt überregionaler/internationaler anbieten, und bereits umweltbewusste Bands sollten andere Gruppen auffordern, es ihnen gleich zu tun. Andere Medienbereiche, z. B. Film, Fernsehen, Werbung könnten sich für die Umwelt durch Dokumentarfilme, Kampagnen, Werbeclips, Herstellung von umweltverträglichen Produkten wie Baumwollshirts und Biotaschen für Konzerte usw. weiter stark machen.

Schriftliche Übung `S. 229`

Die Schüler sollten sich auf die Checkliste für einen **Leserbrief** an eine Zeitung auf S. 329 des Schülerbuches beziehen. Sie verwenden Fakten und Beispiele aus dem Artikel und aus „Weiterdenken".

> *Fußball – eine Männerdomäne?*

Fußball ist Sportart Nummer 1 weltweit. Diese Einheit beschäftigt sich mit dem globalen Phänomen dieses Sports. Fußball ist vorwiegend immer noch eine Männerdomäne – doch die Fußball spielenden Frauen holen langsam auf. In dieser Einheit untersuchen die Schüler die Geschichte, die Bedeutung und auch die Schwierigkeiten des Frauenfußballs.

Einstieg `S. 230`

- Die Fotos haben alle mit dem Sport Fußball zu tun.

- Die Schüler geben hier ihre Meinung zum Ausdruck – entweder sie mögen die Sportart, sie mögen sie nicht oder sie sind ihr gegenüber gleichgültig.

- Verschiedene Gründe können hier erwähnt werden: Der Sport ist weltweit bekannt; er ist ein faszinierender Mannschaftssport, der von Jung und Alt gespielt wird und dessen Regeln leicht verständlich sind; er hat einen hohen wirtschaftlichen Stellenwert usw.

- Die Schüler berichten, ob sie selbst Fußball spielen oder nicht, und ob sie ihn als Zuschauer verfolgen. Sie sollten ihre Einstellung begründen.

  - Die Schüler erzählen über ihre Lieblingsteams und ihren Lieblingsspieler, wobei Meinungen und Begründungen geäußert werden sollten.

  - Hier sollten die Schüler ihre kritische Denkfähigkeit unter Beweis stellen. Einige Schüler werden zustimmen, dass berühmte Fußballspieler eine Vorbildfunktion haben, dann werden sich jedoch wahrscheinlich die Geister scheiden. Manche Schüler wären generell bestimmt gegen die Überbezahlung berühmter Fußballspieler, gerade auch weil viele ihre Vorbildfunktion nicht erfüllen und immer wieder mit Negativschlagzeilen über ihr Privatleben in der Boulevardpresse landen. Andere sehen es als Notwendigkeit, einen guten Spieler für ihre Lieblingsmannschaft zu sichern. Bei der Diskussion der hohen Gagen stellt sich vielleicht auch die Frage, ob es sich beim hochbezahlten Profifußball wirklich um einen Sport handelt oder eher um einen Lebensstil.

Schriftliche Übung   S. 230

 CAS   **VORWORT**

Die Textsorte **Leserbrief** wird hier mit einer weiteren Aufgabe noch einmal aufgegriffen. Die Schüler werden aus der Diskussion genügend Stoff haben. Sie dürfen die eigene Meinung ausdrücken. Sie sollten sich wieder auf die Checkliste und Vorlage auf S. 329 des Schülerbuches beziehen.

Zur Diskussion   S. 231

 CAS

- Sie zeigen alle Fußball spielende Frauen.

- Hier dürften unterschiedliche Antworten erwartet werden. Die Schüler sollten zu der Schlussfolgerung kommen, dass der Frauenfußball weniger beliebt und verbreitet ist als Männerfußball, und dass bei vielen Sportarten ähnliche Unterschiede bestehen. Sie sollten diskutieren, wie sich das begründen lässt und ob sie es für fair halten.

- Einige Schüler könnten mit der letzten Frauenweltmeisterschaft vertraut sein und diese verfolgt haben. (Zur Zeit der Herausgabe des Buches war das im Jahr 2011. Einige könnten wissen, dass die japanische Frauenmannschaft den Titel davontrug – was nach der schrecklichen Fukushima-Katastrophe sicherlich ein Hoffnungsschimmer für Japan war.)

- Vorurteile könnten genannt werden, z. B. dass Frauen sportlich nicht so viel leisten können, oder dass manche den Sport einfach nicht so attraktiv finden; auch dass der Frauenfußball weniger gefördert wird, weniger Sponsorengelder anzieht.

- Hier werden die Schüler verschiedene Vermutungen anstellen – Frauenfußball existiert schon seit dem zwölften Jahrhundert (siehe Text), was bei den Schülern für Überraschung sorgen sollte.

Frauenfußball durch die Jahrhunderte

Textverständnis   S. 233

SCHRITT 1

1 **Falsch** (Im 12. Jahrhundert gab es in Frankreich schon das fußballähnliche Spiel „la soule", bei dem auch Frauen mitmachten, und bei den Inuit nahmen Frauen ebenfalls an Ballspielen mit dem Fuß teil.)

2 **Richtig** (Niemand störte sich daran, dass auch Mädchen spielten – ganz im Gegenteil: An den Eliteschulen im „Mutterland des Fußballs" wurden sie sogar dazu ermutigt und der Frauenfußball erlangte große Beliebtheit.)

3 **Falsch** (In Deutschland dagegen war der öffentliche Widerstand groß, und kickende Frauen waren dementsprechend ungern gesehen.)

SCHRITT 2
4 **K**, 5 **I**, 6 **E**, 7 **G**, 8 **D**, 9 **M**, 10 **A**

SCHRITT 3

11 Vermutlich glaubte er, dass knappere Outfits den Frauensport attraktiver und wirtschaftlich lukrativer machen.

12 Negativ, da seine Forderung sexistisch ist und das emanzipatorische Ziel des Frauenfußballs zunichte macht.

13 Frauenfußball wird in manchen Ländern als unanständig angesehen.

Grammatik unter der Lupe: das Präteritum

SCHRITT 1

Regelmäßige Verben	
Infinitiv	Präteritum
mitmachen	mitmachte
stören	störte
spielen	spielte
erlangen	erlangte

Unregelmäßige Verben	
Infinitiv	Präteritum
sein	war
geben	gab
teilnehmen	teilnahm
gelten	galt
antreten	antrat
stattfinden	stattfand
kommen	kam
tragen	trug
wachsen	wuchs
entstehen	entstand
werden	wurde

SCHRITT 2

1 gründete
2 kam
3 suchte
4 fanden
5 erlebte
6 verspottete
7 untersagte
8 beschimpften
9 warfen
10 existierte
11 verboten

Weiterdenken S. 235

Hier haben die Schüler die Gelegenheit, noch tiefer in die Thematik einzutauchen, Hintergründe gemeinsam zu erarbeiten und ihre eigenen Meinungen weiterzuentwickeln.

- Der Fußball vereint Menschen weltweit, weil man ihn überall und oft von klein auf spielt. Er macht Spaß und ist unterhaltsam, und man kann mit zwei oder elf oder noch mehr Leuten spielen.

- Fußballerinnen erleben heutzutage als moderne Athletinnen größere Beachtung und Präsenz in den Medien. Dennoch erfährt der Frauenfußball immer noch deutlich weniger Beachtung als Männerfußball.

- Mehr Sponsoren, Fördergelder und Werbung; stärkere Präsenz in den Medien wie Fernsehausstrahlungen; öffentliche Unterstützung durch berühmte Persönlichkeiten oder Sportler; Einführung von Mädchenfußball in Schulen als Bestandteil des Sportunterrichts, sind Beispiele, die hier genannt werden könnten.

- Die Schüler sollten mit ihrer Antwort – ja oder nein – klar Stellung beziehen, sollten diese aber auch begründen.

Schriftliche Übung S. 235

 VORWORT

Die Schüler sollten einen interessanten und fußballbegeisterten Leserbrief an die Redaktion verfassen, in dem das Interesse der Leserschaft geweckt wird und der sich auf die Checkliste für diese Textsorte auf S. 329 des Schülerbuches bezieht.

Der Brief sollte vergangene Ereignisse an der Auslandsschule sowie zukünftige Pläne und Vorschläge beinhalten. Die Schüler sollten auch Gefühle über die gegenwärtige Situation ohne eine Mädchenfußballmannschaft und die empfundene Empörung über diese Lücke zum Ausdruck bringen. Sie sollten betonen, dass die Verbreitung des Sports eine Herzensangelegenheit ist, und ausdrücklich an den Herausgeber und die Leserschaft appellieren.

Mündliche Übung S. 235

Die einzelnen Schüler sollten in ihrer leidenschaftlichen Rede die Geschichte, die bisherigen Erfolge und die Ziele ihrer Mannschaft vorstellen und dabei die Ausdrücke für die Meinungsäußerung verwenden, um das Auswahlkomitee zu überzeugen.

Erweiterung: Um das Vortragen der Rede interaktiv zu gestalten, können Sie Schüler das Auswahlkomitee spielen lassen. Schülerinnen, entweder allein oder in einer kleinen Gruppe, stellen jeweils ihre Mannschaft vor. Das Komitee stellt dann Fragen und berät sich. Innerhalb großer Klassen können sich auch mehrere kleine Gruppen mit eigenen Fußballerinnen und eigenem Auswahlkomitee formieren.

Reisen

Fokus dieser Einheit sind Reisen. Dabei stehen interessante alternative Reiseformen wie Couchsurfing, das größte Gastfreundschaftsnetzwerk, Gruppenreisen sowie Freiwilligendienste im Ausland im Mittelpunkt. Die Schüler werden dazu ermuntert, sich mit diesen verschiedenen Reisemöglichkeiten auseinanderzusetzen, über die persönliche Bereicherung des Reisens zu reflektieren und ein Verständnis für andere Kulturen und Sitten zu entwickeln.

Einstieg S. 236

- Alle Bilder zeigen unterschiedliche Urlaubssituationen, zu denen sich die Schüler persönlich äußern sollen – entspannter Strandurlaub, verschiedene Sportaktivitäten wie Klettern und Tauchen; eine Safari oder ein Städtetrip,

- Unterschiedliche Antworten von den Schülern sind hier zu erwarten – Strandurlaub, Kultur erleben, ausruhen, Aktivurlaub, wandern, klettern, Festivals, jobben, zu Hause bleiben, Freunde besuchen, Sprachreise. Vorlieben sollten begründet werden.

- Die Schüler äußern unterschiedliche Meinungen – einige Schüler möchten sich erholen und haben bestimmte Ferienorte, an die sie öfters fahren; andere hingegen können sich bestimmt vorstellen, auch mal etwas anderes, und zwar nicht nur für sich, sondern auch für andere Menschen zu machen.

Nudisten-Gastgeber in den USA

Textverständnis S. 328

SCHRITT 1
1 **F**, 2 **L/H**, 3 **I**, 4 **H/L**, 5 **E**, 6 **K**, 7 **A**, 8 **B**, 9 **C**, 10 **D**

SCHRITT 2
11 **D**, 12 **J**, 13 **F**, 14 **A**, 15 **G**, 16 **K**, 17 **B**, 18 **L**, 19 **C**

SCHRITT 3
20 **Richtig** (Erst als ich wusste, wohin ich fahre, habe ich mein Profil abgerundet. Es ist so: Je mehr man von sich erzählt, desto eher findet man auch wirklichen Kontakt vor Ort. Ich habe deshalb relativ viele private Daten von mir preisgegeben, die ich normalerweise nicht ins Netz einstelle.)

21 **Falsch** (In der Wohnung war ein Pärchen, das bei ihm übernachtet hatte und nachdem ich mich mit den Beiden unterhalten hatte, bin ich geblieben.)

22 **Richtig** (Letztendlich stellte sich heraus: Er war supernett und ein echter Gentleman.)

23 **Richtig** (In New York in einer Studenten-WG. Ich habe die komplette Bandbreite mitgemacht, von supernobel bis zu irgendeiner Matratze auf dem Boden.)

24 **Richtig** (Witzigerweise bin ich nur von Männern aufgenommen worden.)

25 **Falsch** (Man muss schon offen sein – und auf sich selber und auch auf die Auswahl der Gastgeber aufpassen. Wichtig ist immer, dass man sich die Referenzen anschaut.)

26 **Richtig** (Das war super mit denen. Es war einfach schön, ihnen mal Hamburg zu zeigen.)

SCHRITT 4

In der Zeile ...	bezieht sich das Wort ...	auf ...
27 Doch <u>die</u> hatte ich (Z. 5)	„die"	Bedenken
28 <u>Die</u> haben mir gleich den Schlüssel in die Hand gedrückt. (Z. 35)	„die"	die Jungs aus San Diego
29 das war super mit <u>denen</u> (Z. 68)	„denen"	die zwei thailändischen Jungs, die sie in Hamburg besuchten

SCHRITT 5

30 Sin To rät trotz ihrer positiven Erfahrungen zur Vorsicht. Man sollte sich auf jeden Fall die Referenzen vorher gut anschauen. Wenn man vor Ort ist, sollte man vielleicht auch erst mal etwas trinken gehen und die Stadt zusammen erkunden, um sich erst mal kennenzulernen. Die Übernachtung auf einem fremden Sofa ist beim Couchsurfing kein Muss.

31 Couchsurfing bietet einem die Chance, eine Stadt so kennenzulernen, wie es als normaler Tourist niemals möglich wäre. Man bekommt Insider-Tipps, lernt Ecken kennen, die man nicht betreten würde. Man ist zwar als Tourist dort, wird aber eingebunden.

32 Nein, eigentlich nicht, da man unterwegs ist, um zu reisen, und immer nur zwei bis drei Nächte vor Ort ist. Couchsurfing ist keine Partnerbörse.

Weiterdenken · S. 240

 CAS **VORWORT**

In kleinen Gruppen können sich die Schüler hier weiter mit dem Thema beschäftigen. Sprechen Sie mit den Schülern unbedingt über mögliche Gefahren und Risiken des Couchsurfens, denn schwarze Schafe gibt es überall.

Die folgenden Antworten sind zu erwarten:

- Offenheit, Toleranz, geringe Ansprüche an die Unterkunft, Neugier, die Bereitschaft, selbst Gastgeber zu spielen usw.

- Mitfahrgemeinschaften ins Ausland; Unterkunft in Jugendherbergen, bei Verwandten oder Freunden; zelten; Sonderangebote; per Anhalter fahren usw.

- Hier sollten Schüler über persönliche Sicherheit reflektieren, besonders über das Für und Wider von Aktionen wie trampen oder sich von Unbekannten helfen zu lassen, und die Bekanntgabe persönlicher Angaben im Internet. Letzteres Thema wird auch in Kapitel 8, **Wissenschaft und Technik**, angesprochen.

- Bei der Beantwortung dieser Fragen kommen verschiedene Meinungen der Schüler zum Ausdruck, die natürlich begründet werden sollten.

Schriftliche Übung · S. 240

 CAS **VORWORT**

Die Schüler sollten eine kreative **Broschüre** über die Attraktionen, Sehenswürdigkeiten und Geheimtipps ihrer Stadt erstellen und sich dabei auf die Checkliste für diese Textsorte auf S. 333 des Schülerbuches beziehen. Die Aufmachung der Broschüre ist von besonderer Bedeutung, und die Schüler sollten dazu angehalten werden, ihre Broschüre mit Fotos zu versehen. Inhaltlich sollten viele persönliche Eindrücke in einer nicht zu persönlichen Sprache wiedergegeben werden.

Einstieg · S. 240

 CAS

Die Schüler schauen die Bilder an. Sie teilen ihre Erlebnisse vergangener Klassenfahrten mit, und sprechen sowohl über positive als auch negative Erfahrungen. Die Schüler sollten darüber diskutieren, dass Klassenfahrten durchaus den Gruppenzusammenhalt stärken und man die Chance hat, sich fernab der Schule näher kennenzulernen. Nachteilig sind sicherlich die Regeln und Verbote der Lehrer und es ist wahrscheinlich, dass man sich nach mehreren Monaten zusammen irgendwann auf die Nerven geht.

Zur Diskussion · S. 241

Diese Aufgaben ist so konzipiert, um den Schülern vor Augen zu führen, dass es beim Textverständnis helfen kann, wenn man sich vor dem Lesen Gedanken macht, was in dem Artikel stehen könnte. Sie sollten über die Gefahren und Abenteuer des Hochseesegelns sowie die guten und schlechten Seiten des Gruppenlebens auf engem Raum nachdenken. Die Annahmen der Schüler basieren sicherlich auch auf den eigenen Erfahrungen von Klassenfahrten oder längeren Jugendfreizeiten.

Erweiterung: Nach dem Lesen können Sie noch einmal auf diesen Schritt zurück kommen und mit den Schülern besprechen, welche Annahmen sich als richtig erwiesen haben, welche als falsch. Diskutieren Sie dann auch, inwieweit dieses Vorverständnis beim Textverständnis geholfen hat.

Das schwimmende Schulzimmer

Textverständnis S. 243

SCHRITT 1

1 **Falsch** (Jugendliche zwischen 15 und 18 Jahren)

2 **Falsch** (und absolvierten einen Sprachkurs.)

3 **Richtig** (Die Anforderungen an die Jugendlichen waren enorm.)

4 **Falsch** (Und sie haben neben ihren Pflichten an Bord … Mathematik gepaukt, Biologie gebüffelt und sich spanische Vokabeln eingeprägt.)

5 **Richtig** (Sie freut sich auf einen Einkauf im Supermarkt und die Gewissheit, jederzeit den Kühlschrank plündern zu können, ohne auf begrenzte Vorräte Rücksicht nehmen zu müssen.)

6 **Falsch** (Sie war auf dem siebenmonatigen Törn nicht nur als Lehrerin unterwegs, sondern auch als Trösterin, Ansprechpartnerin in allen Lebenslagen und natürlich als Crewmitglied und Segelkamerad.)

7 **Richtig** (Viele dürften auch weiter der Seefahrt verbunden bleiben, zum Beispiel Nautik studieren, eine Bootsbaulehre absolvieren oder sogar zur See fahren.)

8 **Falsch** (Dort sank das kanadische Schulschiff „Concordia".)

SCHRITT 2

9 Liebe, Freundschaften und Animositäten auf engstem Raum

10 Sie haben Atlantik-Wellen getrotzt und stürmische Winde abgewettert.

11 Zuverlässigkeit, Pünktlichkeit, Ehrlichkeit, Lernwille und Dauerarbeitseinsatz

12 Sie musste nachts bei Regen und heftigem Seegang aufstehen, um die Segel zu reffen, obwohl sie keine Lust hatte.

13 Im Wasser sieht man nicht lange Spuren, wo ein Schiff entlanggefahren ist, aber alle Teilnehmer mussten sich körperlichen und psychischen Herausforderungen stellen und diese als Team meistern. Dieser Lernprozess hat viele der Jugendlichen reifer, verantwortungsbewusster und erwachsener gemacht und somit Spuren hinterlassen.

SCHRITT 3
14 **M**, 15 **L**, 16 **K**, 17 **H**, 18 **N**, 19 **F**, 20 **O**, 21 **G**, 22 **C**, 23 **B**

Schriftliche Übung S. 244

Hier wird die Textsorte **Blog** wieder geübt. Es bietet sich an, die Merkmale zu wiederholen, bevor die Schüler anfangen, ihre Einträge zu verfassen. Die Schüler sollten mithilfe der Checkliste auf S. 325 des Schülerbuches einen interessanten und bewegenden Blog über ihre Erlebnisse an Bord des Schiffs verfassen. Es ist wichtig, dass man vorher den Inhalt des Textes noch einmal durchgeht und mit den Schülern die wesentlichen Punkte, die im Blog enthalten sein könnten, zusammenträgt, z. B. die körperlichen Anstrengungen, das Lernen an Bord, die Erfahrungen beim Sprachkurs in Costa Rica, Freundschaften und Animositäten, die Herausforderungen des Zusammenlebens auf engem Raum, die begrenzten Vorräte.

Schriftliche Übung S. 244

Die Schüler äußern sich zu folgender Aussage: „Reisen ist die Sehnsucht nach dem Leben."

- Es handelt sich hierbei um die Textsorte **Stellungnahme** von *Paper 2*.

- Die Schüler sollen konkrete Beispiele und Argumente nennen sowie ihre eigene Meinung klar begründen.

- Die Aufgabe ist für *HL*. Näheres hierzu findet man im *Language B Guide*.

- Es gibt auf S. 318 und S. 319 des Schülerbuches ein Vorlagebeispiel und eine Checkliste für eine Stellungnahme.

Einstieg S. 245

Wenn man im Ausland ist, sollte man immer daran denken, dass dort das Leben einfach anders ist, Dinge anders gemacht werden und es andere Auffassungen, Benehmen und Erwartungen gibt. Man sollte das hinnehmen und als Bereicherung erfahren und nicht erwarten, dass alles so wie zu Hause ist. Man ist als Gast unterwegs und hat dementsprechend die Gegebenheiten, Regeln usw. des Gastlandes zu befolgen. Man darf nicht erwarten, dass Einheimische die eigene Sprache sprechen oder deutsche Hausmannskost servieren. Man sollte offen und flexibel sein und sich einfach auf das Abenteuer Ausland einlassen.

Lost in Translation: Freiwilligendienst in Südkorea

Textverständnis · S. 248

SCHRITT 1
1 **C**, 2 **B**, 3 **C**, 4 **A**

SCHRITT 2
A, **B**, **E**

SCHRITT 3
5 **I**, 6 **L**, 7 **G**, 8 **A**, 9 **H**, 10 **B**, 11 **F**, 12 **D**, 13 **J**

SCHRITT 4

1 **C.** Freiwilligendienst

2 **B.** Einblick

3 **A.** sondern

4 **C.** Erfahrung

5 **A.** reiste

6 **B.** feierten

7 **B.** kochten

8 **B.** christlich

9 **A.** noch

Weiterdenken · S. 250

 CAS **VORWORT**

- Ihr Urteil über die Folgen der Globalisierung ist kritisch: Der westliche Einfluss zeigt sich in Fast-Food-Ketten, die inzwischen fester Bestandteil koreanischer Städte sind, sowie in der Beliebtheit von Schönheitsoperationen, um dem westlichen Schönheitsideal näher zu kommen.

- Hier sind persönliche Meinungen zu erwarten, die entsprechend begründet werden sollten.

- Weitere Länder, in denen sich westliche Einflüsse bemerkbar machen, sind: Japan, China, Thailand, Russland usw.

Das Thema Globalisierung, seine verschiedenen Aspekte und seine Auswirkungen auf unser tägliches Leben werden anhand konkreter Beispiele in Kapitel 2 ausführlich diskutiert.

Mündliche Übung · S. 250

CAS **VORWORT**

Das Rollenspiel kann mit sechs Teilnehmern ausgeführt werden. Jeder Teilnehmer übernimmt eine der Rollen. Je nach Klassengröße können Gruppen zuvor die Argumente der einzelnen Rollen zusammen erarbeiten und detaillierte Rollenprofile erstellen. Falls die Lerngruppe kleiner ist, können Rollen auch unbesetzt bleiben, es ist aber wichtig, dass zumindest jeweils ein Für- und ein Gegensprecher zu Wort kommen. Wenn am Ende die Gruppen verschiedene Kompromissvorschläge haben, wäre das vielleicht Anlass zur weiteren Diskussion in der Klasse und zur Klassenabstimmung. Die Diskussionsergebnisse wären auch Anlass zur schriftlichen Bearbeitung in Form eines Tagebucheintrags, einer Rede usw.

8. Wissenschaft und Technik

Einheiten		Die Generation Internet	S. 92
		Natur und Wissenschaft	S. 96
		Atomausstieg? Ja, bitte!	S. 98
Aspekte		Leben im digitalen Zeitalter Soziale Netzwerke und Cybermobbing Ethische Fragen an die Wissenschaft Die Atomfrage in Deutschland	
Lernziele	**Textsorten**	E-Mail Rede Bericht	
	Sprache	Modalverben Konjunktiv in indirekter Rede	
	Die *IB*-Ecke	Mündliche interaktive Prüfung Mündliche Einzelprüfung *TOK* *CAS*	

In diesem Kapitel geht es um Wissenschaft und Technik und deren Auswirkungen auf das tägliche Leben.

Thematische Schwerpunkte

- Die Einflüsse des digitalen Zeitalters auf unser Leben

- Die Bedeutung sozialer Netzwerke unter Jugendlichen, darunter auch negative Aspekte wie Cybermobbing und was man dagegen tun kann

- Kontroverse Fragen zu Wissenschaft und Ethik, z. B. die Diskussion um Tierversuche

- Die unterschiedlichen Meinungen zum deutschen Beschluss, nach der Reaktorkatastrophe in Fukushima, Japan, aus der Atomkraft auszusteigen

---

Die Generation Internet

Fokus dieser Einheit ist die zentrale Bedeutung, die Errungenschaften des digitalen Zeitalters im jugendlichen Alltag haben. Die Schüler werden dazu ermuntert, über die Vor- und Nachteile des digitalen Fortschritts nachzudenken. Insbesondere geht es hier um Cybermobbing und was man dagegen tun kann. Dabei lernen Schüler, die Problematik aus mehreren Perspektiven zu betrachten und sich dazu in einer Reihe von Situationen mündlich und schriftlich zu äußern.

Einstieg S. 254

Diese Übung soll illustrieren, wie schnell sich die Technik weiterentwickelt. Die Bilder laden zum Vergleich mit älteren Generationen ein. Andere Beispiele von schnell veralteter Technologie lassen sich leicht finden.

Mündliche Übung S. 255

Die Schüler sollen sich hier gegenseitig befragen und die Antworten diskutieren. Die Fragen werden Parallelen und Unterschiede im Umgang mit digitalen Medien aufzeigen. Man kann die Antworten dann als Klasse zusammenfassen und eventuelle Wortfelder noch erweitern.

Weiterdenken S. 255

VORWORT

Die Schüler diskutieren die Vor- und Nachteile eines digitalen Lebens und vergleichen ihre Situation mit der älterer Generationen.

Es ist ratsam zu betonen, dass es hier keine „richtigen" Meinungen gibt. Stattdessen muss man verschiedene Faktoren abwägen. Hauptsache ist, man kann seine Meinungen überzeugend ausdrücken und begründen.

Varianten: Man verteilt in jeder Gruppe Rollen, damit die verschiedenen Aspekte zu Wort kommen.

Man teilt jeder Gruppe einen Schwerpunkt zu, z. B.

- Vorteile für die heutige Jugend

- Nachteile für die heutige Jugend

- Auswirkungen auf die elterliche Generation

- Auswirkungen auf die großelterliche Generation

und diskutiert die Ergebnisse als Klasse.

Mündliche Übung S. 255

VORWORT

Jetzt wird der spezifische Aspekt von Cybermobbing in den Mittelpunkt gestellt.

Die Schüler sollen versuchen, die geschilderten Situationen aus verschiedenen Perspektiven zu sehen. Die hier geschilderten Situationen sind relativ harmlos und es kann auch sein, dass die Schüler selbst weitere Beispiele nennen können oder darauf hindeuten, wozu diese Situationen führen könnten. Diese Übung dient auch als Vorbereitung für die spätere mündliche Übung auf S. 266.

Stellen Sie sicher, dass alle vier Szenarien besprochen werden.

Nach der Gruppenarbeit sollte man als Klasse Schlüsse aus der Diskussion ziehen.

„Wir wissen noch nicht, was in diesen Netzwerken richtig ist"

Textverständnis
S. 257

SCHRITT 1
1 **G**, 2 **D**, 3 **B** (SchülerVZ – Schülerverzeichnis – war bis Ende 2012 als soziales Netzwerk unter deutschen Schülern besonders populär. Es gab eine Zeit, zu der drei Viertel aller deutschsprachigen Kinder und Jugendlichen zwischen 10 und 19 aktive Nutzer waren.), 4 **A**, 5 **H**, 6 **J**, 7 **F**, 8 **C**

SCHRITT 2
9 **B**, 10 **D**, 11 **A**, 12 **B**, 13 **C**

SCHRITT 3

In der Zeile ...	bezieht sich das Wort ...	auf ...
14 ... was sie <u>dort</u> machen (Z. 15)	„dort"	im Internet
15 ... <u>damit</u> umgehen lernen (Z. 20)	„damit"	mit sozialen Netzwerken (oder auch dem Internet im Allgemeinen)
16 ... <u>darüber</u> reflektieren können. (Z. 35)	„darüber"	über das Internet und soziale Netzwerke und deren Einflüsse auf die Jugend
17 ... von <u>ihnen</u> selbst (Z. 39)	„ihnen"	den Schülern
18 ... <u>das</u> falle in den privaten Bereich (Z. 44)	„das"	wie man mit dem Internet und sozialen Netzwerken umgeht

SCHRITT 4
19 „Das wird eine große Herausforderung in der Zukunft: ... Wenn Jugendliche Internet-fähige Handys haben ..." (Z. 12–14). Viele Jugendliche haben jetzt schon Internet-fähige Handys.

20 „Viele Lehrer sagen, das falle in den privaten Bereich ..." (Z. 44). Damit wollen diese Lehrer sagen, dass man die Problematik nicht im Schulunterricht behandeln sollte.

Cybermobbing – Was kann ich dagegen tun?

Textverständnis
S. 261

SCHRITT 1
1 **H**, 2 **K**, 3 **D**, 4 **A**, 5 **G**, 6 **N**, 7 **L**, 8 **I**, 9 **F**, 10 **B**

SCHRITT 2
11 **E**, 12 **D**, 13 **I**, 14 **A**, 15 **H**

Grammatik unter der Lupe: Rat und Hilfe geben `S. 262`

Hier wird die Imperativform kurz geübt, aber der grammatische Schwerpunkt sind Modalverben.

SCHRITT 1 UND 2

Imperativregeln

- Singular, informell – Verbstamm mit/ohne -e – *Antworte nicht!*
- Plural, informell – Verbstamm mit -(e)t – *Antwortet nicht!*
- Singular und Plural, formell – Infinitivform gefolgt von *Sie* – *Antworten Sie nicht!*

SCHRITT 3

Die folgenden Antworten dienen als Beispiele. Es gibt mehrere Möglichkeiten.

1 Lauf nicht über die Straße!
2 Setzen Sie mich (bitte) vor dem Kino ab!
3 Hört mir bitte (gut) zu!
4 Hören Sie mir bitte (gut) zu!

SCHRITT 4

Funktion	Modalverb	Beispiel
Beispiel: es ist notwendig	*müssen*	*Um erfolgreich zu sein, müssen wir viele Kontakte haben (Z. 18– 19)*
1 es ist möglich	können	**Kann** man besorgte Eltern beruhigen? (Frage 2)
2 es ist Pflicht	müssen	… sie **müssten** sich nicht kümmern (Z. 44)
3 es ist ein Wunsch	wollen	… **wollen** aber mit ihren Freunden in Kontakt bleiben (Z. 7)
4 man ist in der Lage/fähig	können	… dann **kann** ich nicht mit den Schülern arbeiten (Z. 40)
5 man ist gezwungen	müssen	Erwachsene **müssen** akzeptieren (Z. 34)
6 es ist ein guter Rat	sollen	Wie **sollte** mit Schülern gearbeitet werden? (Z. 3)

SCHRITT 5

Funktion	Modalverb	Beispiel
1 es ist Vorschrift	müssen	Schüler **müssen** die Schulregeln einhalten.
2 man ist fest entschlossen	wollen	Ich gehe heute Abend nicht zur Party. Ich **will** beim nächsten Schultest bessere Noten bekommen.
3 die Gelegenheit besteht	können	Man **kann** bei vielen sozialen Netzwerken unerwünschte Personen sperren.
4 es ist unerwünscht	sollen (nicht)	Sie **sollen** keine unvorteilhaften Fotos von anderen weiterschicken.
5 es wird dringend geraten	müssen	Du **musst** deine Zugangsdaten geheim halten.
6 ist es vorgesehen/geplant	sollen	Die Schule **soll** nächstes Jahr neue Computer bekommen.

SCHRITT 6

1 Man **muss** eine Kontaktnummer bei der Schule hinterlassen.

2 Man **darf nicht** sein Handy im Unterricht benutzen.

3 Man **muss nicht** auf jede SMS eine Antwort schicken.

4 Man **darf nicht** die Identität einer anderen Person im Internet annehmen.

5 Man **darf** mit den Lehrern über Probleme sprechen.

SCHRITT 7

Beispiel im 2. Text	Funktion
… du **musst** dich nicht mit jemandem abgeben … (Tipp 2)	keine Pflicht
… **kannst** du auch deine Handynummer ändern lassen (Tipp 2)	Gelegenheit, möglich
… genau das **will** der Absender (Tipp 3)	Wunsch, Absicht
Lerne, wie du Kopien von unangenehmen Nachrichten, Bildern oder Online-Gesprächen machen **kannst** (Tipp 4)	Fähigkeit
Außerdem **kann** mit den Beweisen auch dein Peiniger gefunden werden (Tipp 4)	Gelegenheit, möglich
… wie du in den verschiedenen Sozialen Netzwerken Missbrauch melden **kannst** … (Tipp 6)	Gelegenheit, möglich
Vorfälle, die illegal sein **könnten** … (Tipp 6)	möglich
Deine persönlichen Daten … **können** auch von „Cyberbullys" gegen dich verwendet werden (Tipp 8)	Gelegenheit, möglich
… **darf** niemand Fotos von dir ins Internet stellen (Tipp 9)	Verbot
Außerdem **darf** dich niemand vor anderen verspotten (Tipp 9)	Verbot
… **kann** dies für den Täter rechtliche Konsequenzen haben (Tipp 9)	möglich

Juuuport gewinnt klicksafe Preis für Sicherheit im Internet

Textverständnis   S. 265

SCHRITT 1

1 **Falsch** (Der Preis wurde bereits zum fünften Mal … verliehen)

2 **Falsch** (arbeiten ehrenamtlich)

3 **Richtig** (sich mit anderen Jugendlichen in einem Forum auszutauschen)

4 **Falsch** (Direktor der Niedersächsischen Landesmedienanstalt)

5 **Richtig** (Im April hatten wir unser einjähriges Jubiläum)

SCHRITT 2

6 **B**, 7 **D**, 8 **E**, 9 **F**, 10 **G**, 11 **H**

Mündliche Übung   S. 266

Man kann die Situationen besprechen oder auch als kleine Rollenspiel-Vorlagen benutzen, wobei die Jugendlichen ihre Probleme mit einem Freund und/oder einem Erwachsenen besprechen.

Schriftliche Übung   S. 267

Diese Übung soll aus der mündlichen Übung herauswachsen. Die E-Mail soll relativ kurz gefasst werden, da die folgende schriftliche Übung umfassender ist.

Schriftliche Übung   S. 267

VORWORT

Diese E-Mail dient als *Paper 2*-Übung und soll daher länger und detaillierter sein. Dabei sollen die Schüler die relevanten Modalverben und Imperativformen benutzen, die im Grammatikabschnitt geübt worden sind. Die Aufgabe eignet sich für *SL* und *HL*. Eine Checkliste für diese Textsorte gibt es auf S. 335 des Schülerbuches.

Natur und Wissenschaft

Fokus dieser Einheit ist die wissenschaftliche Forschung. Dabei stehen Tierversuche und die daraus entstehenden ethischen Fragen im Mittelpunkt. Schüler werden dazu ermuntert, kritisch über solche Fragen zu reflektieren und die verschiedenen Perspektiven zu berücksichtigen. Dabei sollen Schüler ihr Verständnis dafür vertiefen, dass Lösungen auch Konsequenzen haben, und über den „Preis" des Fortschritts nachdenken.

Einstieg   S. 268

Der Zitat von Goethe und die Liste der möglichen wissenschaftlichen Errungenschaften sollen zu einer anfänglichen Diskussion anregen.

Da es hier um persönliche Meinungen geht, gibt es keine richtigen Antworten.

Wortschatz   S. 269

Diese Ausdrücke sollen in der darauffolgenden mündlichen Übung verwendet werden. Man kann diese Wortfelder auch beliebig erweitern.

	positiv	negativ
Es ist …	notwendig	ärgerlich
Ich finde es …	nützlich	eine Geldverschwendung
	preiswert	schädlich
Ich meine, es ist …	sinnvoll	unethisch
Meiner Meinung nach ist es …	unersetzbar	unmoralisch
	unvermeidlich	unsinnig
	vertretbar	ein Verbrechen
	wertvoll	
	wichtig	

Mündliche Übung   S. 269

In dieser Übung sollen die Schüler ihre Meinungen austauschen und dabei die oben aufgelisteten Vokabeln verwenden.

Die Besprechung der Argumente für und gegen diese Forschungssituationen gilt als wichtige Vorbereitungsphase für die nächste Übung.

Nur die letzte der aufgelisteten Situationen wurde 2012 für unrealistisch gehalten. Die anderen waren alle entweder schon Realität (1, 4, 6, 7, 8), wurden ernsthaft erforscht (2, 5, 9) oder wurden von Experten vorausgesagt (3).

Mündliche Übung   S. 270

Hier werden zwei spezifische Situationen etwas näher untersucht. Man kann diese nach anfänglicher Diskussion auch als Rollenspielvorlagen nehmen oder zur Klassendebatte erweitern.

Wortschatz   S. 270

Diese Übung bringt die umstrittene Frage der Tierversuche in den Mittelpunkt. Zentrale Begriffe und Wörter werden kontextbedingt geübt und dabei einige Hauptargumente vorgestellt.

Die Übung ist dreiteilig.

SCHRITT 1
Die vollständigen Sätze sind wie folgt.

1   Wenn sie krank sind, möchten alle Menschen die neuesten, besten und **sichersten** Arzneimittel erhalten.

2   Nur an einem lebendigen Tier kann man die **Funktionsweise** und Zusammenwirkung von Organen und Organismen richtig untersuchen.

3   Tiere und Menschen sind sich zwar **ähnlich**, aber sie sind nicht gleich.

4   Es ist eine ethische Verpflichtung, neue Medikamente zuerst an Tieren zu testen, denn sonst wären sie zu **riskant**.

5   Tiere empfinden auch Angst und **Schmerzen**, auch wenn sie nichts sagen können.

6   Es gibt viele **Alternativen** zu Tierversuchen, wie Zell- und Gewebekulturen und Computersimulationen.

7   Nur dank der Tierversuche konnten viele **Impfstoffe** und Antibiotika, sowie Insulin für Diabetiker entwickelt werden.

8   Testmethoden ohne Tiere liefern bessere **Ergebnisse**, kosten weniger und sind oft viel schneller.

9   Es ist unmoralisch, wie Tiere in Forschungslabors degradiert und **missbraucht** werden.

10 Wenn man Tierversuche verbietet, werden viele **Arbeitsplätze** in der Pharmaindustrie und an Universitäten gefährdet.

11 Ein Medikament kann bei einem Tier völlig harmlos sein, bei einem anderen Tier **tödlich** wirken und bei Menschen wieder andere Auswirkungen haben.

12 Durch Tierversuche sind in der **Chirurgie** neue Techniken und Operationsmethoden entwickelt worden.

13 Täglich profitieren Millionen von Patients von dieser **Forschung**.

14 Die **Zustände** in den Tierversuchslabors sind furchtbar.

SCHRITT 2

Die Sätze mit Argumenten für Tierversuche sind: 1, 2, 4, 7, 10, 12, 13.

Die Sätze mit Argumenten gegen Tierversuche sind: 3, 5, 6, 8, 9, 11, 14.

SCHRITT 3

Vier Wörter bleiben übrig: *Bekämpfung, Entwicklung, Nebenwirkungen* und *Ursachen*. Die Schüler sollen hierfür Sätze schreiben, wobei diese Wörter in einem wissenschaftlichen Forschungskontext verwendet werden. Unten werden Beispiele angegeben, aber es gibt natürlich Alternativsätze. Die Schüler können ihre Sätze vergleichen.

- Medizinische Forscher suchen seit Jahren nach wirkungsvollen Mitteln zur **Bekämpfung** von Erkältungen.

- Die **Entwicklung** neuer Methoden in der Chirurgie hat dazu geführt, dass heute Herztransplantationen fast Routine sind.

- Bei neuen Medikamenten können Tierversuche dazu beitragen, unangenehme **Nebenwirkungen** zu vermindern.

- Je mehr man über die **Ursachen** einer Krankheit weiß, umso wahrscheinlicher ist es, dass man ein Heilmittel findet.

Wussten Sie das? Tierisch gut?   S. 271

Die hier erwähnten Statistiken dienen zur Vertiefung des Themas und können aus dieser Perspektive diskutiert werden. Sprachlich bietet sich die Gelegenheit an, Zahlen und qualifizierende Ausdrücke wie *fast, über, rund* zu üben.

Der Mensch ist nun mal keine Maus

Textverständnis   S. 274

SCHRITT 1
1 **G**, 2 **A**, 3 **B**, 4 **F**, 5 **H**, 6 **D**

SCHRITT 2

7 **B**. Dafür

8 **K**. die

9 **H**. Den

10 **D**. Dann

11 **A**. dabei

12 **E**. darum

13 **F**. dass

SCHRITT 3
14 **B**, 15 **A**, 16 **C**, 17 **A**, 18 **D**, 19 **B**, 20 **C**

SCHRITT 4

21 übertragbar

22 Computermodelle

23 leiden

24 kostengünstiger

25 rigoros

26 Lobbyisten

27 Veröffentlichen, Forschungsgelder

Mündliche Übung   S. 276

VORWORT

Die Statistik der Umfrage zeigt, wie umstritten das Thema Tierversuche in der Medizin ist. Die Schüler sollen ihre eigenen Antworten auf diese Frage diskutieren und dabei die Vokabeln und Ideen auf den vorigen Seiten verwenden.

Diese Übung kann in kleinen Gruppen oder auch als Klassendebatte durchgeführt werden.

Mündliche Übung   S. 276

VORWORT

Hier wird ein Plakat zur Protestkampagne des Deutschen Tierschutzbundes als Basis einer Bildbeschreibung verwendet. Die Übung ist so konzipiert, dass die Schüler zu zweit arbeiten. Das Bild dient als Vorlage für eine mündliche Übung im Stil der individuellen mündlichen Prüfung. Daher werden die Schüler erst aufgefordert, das Bild zu beschreiben und dann die Diskussion weiter zu entwickeln.

Schriftliche Übung   S. 277

VORWORT

Hier wird die *Paper* 2-Textsorte **Rede** geübt. Die Aufgabe eignet sich für *SL* und *HL*. Die Unterschiede zwischen den Textsorten **Rede**, **Vortrag** und **Referat** werden hier kurz erklärt. Auf S. 340 des Schülerbuches finden Sie ein Beispiel für einen Vortrag, und die auch dort zu findende Checkliste bezieht sich auf alle Formen dieser schriftlich-mündlichen Textsorte.

Mündliche Übung   S. 278

VORWORT

Dieses Rollenspiel schließt an die vorangehende schriftliche Übung an. Man kann es so gestalten, wie es im Schülerbuch steht, oder auch der Klasse bzw. der verfügbaren Zeit anpassen. Nach den vorangehenden Lesetexten und den vorbereitenden Diskussionsübungen sollten die Schüler genug Ideen haben, um inhaltlich zu den verschiedenen Rollen beitragen zu können.

Schriftliche Übung `S. 279`

Diese Erweiterungsübung gibt den Schülern erneut die Gelegenheit, die Textsorte **Rede** zu üben und die Arbeit hierzu zu vertiefen.

> *Atomausstieg?*
> *Ja, bitte!*

Fokus dieser Einheit ist die Atomenergie. Im Mittelpunkt steht dabei der Beschluss der deutschen Regierung im Jahr 2011, aus der Atomenergie auszusteigen und erneuerbare Energien zu fördern. Die Schüler werden dazu ermuntert, kritisch über die damit verbundenen Fragen nachzudenken und die verschiedenen Perspektiven zu berücksichtigen. Dabei sollen sie ihr Verständnis dafür vertiefen, dass solche Entscheidungen auch negative Konsequenzen haben können. Zusätzlich haben sie die Gelegenheit, die Darstellung eines solchen Themas in der Literatur zu studieren.

Einstieg `S. 280`

Diese Übung dient als Einleitung zum Thema. Hier wird festgestellt, wie viele Hintergrundkenntnisse die Schüler schon haben. Gegebenenfalls müssen Sie einiges zur Geschichte erklären. Zu den Ortsnamen:

Brokdorf: Zur Bauzeit dieses Kernkraftwerks in Schleswig-Holstein in den späten 70er Jahren gab es große Demonstrationen, gewaltsame Konfrontationen mit der Polizei und einen vierjährigen gerichtlichen Baustopp. In den 80er Jahren wurde es trotz heftiger Proteste fertig gebaut und in Betrieb genommen.

Zwentendorf: Die österreichische Regierung hat dieses Kernkraftwerk erbaut, aber dann nach einer Volksabstimmung 1978 nicht in Betrieb genommen. 1999 hat die Regierung das Bundesverfassungsgesetz für ein atomfreies Österreich verabschiedet.

Tschernobyl: Bei dieser Atomkatastrophe in der Ukraine 1986 führte eine Explosion des Reaktors zur Freisetzung von radioaktiven Stoffen und zur Kontaminierung in vielen europäischen Ländern. Die gesundheitlichen Folgen sind noch immer unübersehbar.

Gorleben: Dieses Atommülllager zur Zwischenlagerung, Weiterbehandlung und eventuellen Endlagerung radioaktiven Abfalls liegt in Niedersachsen. Besonders umstritten sind die Atommülltransporte aus einer Wiederaufarbeitungsanlage in Frankreich. Entlang der betroffenen Bahnstrecke kommt es regelmäßig zu Protesten und Blockaden.

Fukushima: Als Folge eines Erdbebens und des nachfolgenden Tsunamis im März 2011 kam es in diesem japanischen Kernkraftwerk zur Zerstörung von vier Reaktorblöcken und zur Freisetzung radioaktiven Materials. Die Katastrophe führte direkt dazu, dass die deutsche Regierung Juni 2011 die Stilllegung aller deutschen Atomkraftwerke beschloss.

Wortschatz `S. 280`

Diese Übung dient dazu, die Vokabelfelder um das Thema Atomkraft zu erweitern.

SCHRITT 1
Die vollständigen Schlagzeilen sind wie folgt.

1. Atomgegner erinnern mit Kreuzen an AKW-**Unfälle**
2. Das Land Hessen kann Atommülltransporte nicht **verbieten**
3. Gaskraftwerke: Die große **Gefahr** für das Klima
4. **Rückbau** einer Atomanlage dauert etwa 20 Jahre
5. Deutsche Edelstahl-**Schutzhülle** für Tschernobyl
6. Suche nach **Endlager** geht ungelöst weiter
7. Atomkraftgegner **kündigen** Großdemonstration in Gorleben an
8. Fukushima – **Gedenken** allein ist zu wenig!
9. Regierung setzt auf **Investitionen** in „grünen Strom"
10. **Energiewende** – Soll der Steuerzahler mehr zahlen?

SCHRITT 2
Die Schlagzeilen gehören in drei Themenbereiche:

Atomausstieg: 3, 4, 9, 10

Atomunfälle: 1, 5, 8

Atommüll: 2, 6, 7

Mündliche Übung `S. 280`

Einige Schüler werden vielleicht mehr Hintergrundwissen als andere haben. Im Folgenden sind einige Erklärungen zu den einzelnen Schlagzeilen.

1. Solche Veranstaltungen finden regelmäßig an bestimmten Daten statt, z. B. am Jahrestag des Tschernobyl-Unglücks (26. April 1986).
2. Einzelne deutsche Landesregierungen haben vergebens versucht, den Transport des Atommülls durch ihr Land zu stoppen.
3. Einige Klima- und Energieexperten meinen, dass die Emissionen von Gaskraftwerken, die als Alternative zur Atomkraft vorgeschlagen werden, umweltschädlich seien.
4. Ein Atomkraftwerk kann man nicht einfach von einem Tag auf den anderen schließen. Die positive Seite davon ist, dass dadurch auch langfristig Arbeitsplätze gesichert werden.
5. Ein deutsches Unternehmen ist beauftragt worden, die neue Schutzhülle für den Tschernobyl-Reaktor zu liefern. Diese soll die Sicherheit für mindestens weitere 100 Jahre gewährleisten.
6. Radioaktiver Atommüll wird in sogenannten vorübergehenden Endlagern deponiert – aber nur weil man sich nicht darauf einigen kann, wo das Endlager sein soll.

7 Gorleben wird von Gegnern als ungeeigneter Endlagerstandort heftig kritisiert.

8 Das Reaktorunglück in Fukushima fand am 11. März 2011 statt.

9 Die deutsche Regierung hat den Ausstieg aus der Atomenergie bis 2022 beschlossen und will erneuerbare Energiequellen fördern.

10 Die Entwicklung erneuerbarer Energien ist teuer und die Energieunternehmen wollen die ganzen Kosten nicht allein tragen.

Mündliche Übung `S. 281`

Die Schüler sollen versuchen, die Ergebnisse der Meinungsumfragen vorauszusagen, und dann die tatsächlichen Ergebnisse diskutieren. Sie sollen auch die Fragen selbst beantworten.

Die Ergebnisse der Umfragen (Prozentzahlen) waren wie folgt:

Frage		ja	weiß nicht	nein
1	Halten Sie es für richtig, dass Deutschland aus der Atomenergie aussteigt?	80	12	8
2	Kann Deutschland ohne Atomkraft auskommen?	66	–	34
3	Wenn die Endlagerung radioaktiver Abfälle gesichert wird, sollte man die Atomkraft wieder aufnehmen?	52	18	30
4	Sind Sie bereit, nach dem Ausstieg mehr für Strom zu zahlen?	65	–	35
5	Würden Sie ein neues [nicht atomares] Kraftwerk oder eine Anlage für erneuerbare Energie in der Nähe Ihres Wohnorts akzeptieren?	66	18	16

Ein Leben im Schatten der Reaktortürme

Dieser Text ist zwar lang, aber er gibt allgemeine Meinungen wieder, die man auch verstehen kann, wenn man nicht jedes Wort kennt. Diese Übungen helfen den Schülern beim Globalverständnis. Sie bekommen einen Überblick über die verschiedenen Persönlichkeiten.

Textverständnis `S. 284`

SCHRITT 1

1 **C** (nirgendwo im Leben gebe es eine 1000-prozentige Sicherheit)

2 **A** (Viel Geld sei in den vergangenen Jahren in die Modernisierung der Gemeinde geflossen)

3 **G** (… gewünscht, dass sie das auch für Grafenrheinfeld ankündigen)

4 **E** („Kraftwerke sind die am höchsten gesicherten Industrieanlagen in Deutschland")

5 **F** („… über Alternativen Gedanken machen")

6 **D** (fühlt sich mit seinen Bedenken im Ort recht allein … Oft schon sei er für seine Meinung „geprügelt" worden …)

7 **B** („Es muss ja niemand hier leben, wenn er das nicht möchte")

8 **E** (… dass er gerade die vehementen Kernkraftgegner einlädt, sich doch mal persönlich ein Bild zu machen)

9 **B** (freut er sich ebenfalls über die Zusatzeinnahmen)

10 **D** („Manchen Menschen scheint die Gewerbesteuer wichtiger zu sein als die eigene Sicherheit")

11 **F** (Eine Einladung, die Babs Günther dankend ablehnt)

SCHRITT 2

12 Gemütlichkeit.

13 Einen kurzen Fußmarsch entfernt.

14 Radtouristen, Wochenendausflügler und AKW-Arbeiter, die zur Generalüberprüfung kommen.

15 Er hat keine Angst.

16 Bis 2014.

17 Druckwasserreaktor, kein Erdbebengebiet, keine Tsunamis.

18 Der Weg führt am Atomkraftwerk vorbei.

19 Sie kaufte dort eine Wohnung.

20 Sie ist erst zwei Jahre alt.

21 Die Hülle ist kaputt und das Buch wird repariert.

Grammatik unter der Lupe: der Konjunktiv bei indirekter Rede `S. 285`

SCHRITT 1

er: er sei Z. 24 und Z. 34, er habe Z. 29; **sie**: eine Katastrophe sei Z. 44, sie spüre Z. 57, die Hülle sei Z. 69, sie werde Z. 69; **es**: viel Geld sei Z. 11, das habe Z. 12, es gebe Z. 29

sie (Plural): 500 Menschen seien Z. 56; sie seien Z. 57

Anmerkung: Sie können hierbei darauf hinweisen, dass *sein* unregelmäßig ist und die Konjunktivform im 1. und 3. Person Singular ohne die Endung -e bildet. Das wird schon im Schülerbuch angedeutet.

SCHRITT 2

Indikativ in der indirekten Rede: er erzählt, dass er im Kraftwerk ... arbeitet, seine Aufgabe ist es ... Z. 28

SCHRITT 3

1   Sie hat mir gesagt, sie werde einen Protestbrief schreiben.

2   Er versichert mir, es lohne sich, das Buch zu lesen.

3   Die Frau meint, sie sei sicher, sie habe ihn schon mal gesehen.

4   Die Demonstrantin warf dem Lkw-Fahrer vor, er unterstütze die Atomkraft.

5   Der junge Mann meinte, man könne den Atommüll nie sicher lagern.

Schriftliche Übung `S. 286`

Hier wird die Textsorte **Bericht** kurz erklärt und die drei verschiedenen Formen werden in dieser und den beiden nächsten schriftlichen Aufgaben geübt. Die erste Form ist der Augenzeugenbericht. Hier ist es wichtig darauf zu achten, dass die Schüler nur Tatsachen und keine Meinungen darstellen. Sie beschreiben so detailliert wie möglich, was sie gesehen haben, wer was wann getan hat. Eine Checkliste für einen Bericht ist auf S. 321 des Schülerbuches zu finden.

Schriftliche Übung `S. 286`

Die zweite Form der Textsorte **Bericht**, auch in Anlehnung an den Artikel über Grafenrheinfeld, ist ein offizieller Bericht innerhalb einer Organisation. Die E-Mail gibt mehr Details zur Aufgabe. Anders als beim Augenzeugenbericht soll es hier Empfehlungen geben. Ermuntern Sie die Schüler, Verbindungen mit den Fakten herzustellen. Besucherzahlen usw. müssen allerdings erfunden werden. Eine Checkliste für einen Bericht ist auf S. 321 des Schülerbuches zu finden.

Die Wolke

Dies ist ein Auszug aus Kapitel 3 des Jugendromans „Die Wolke" von Gudrun Pausewang. Als literarischer Text ist er eher für *HL*-Schüler gedacht, da sie auch literarischen Texten in *Paper 1* begegnen werden, obwohl das allgemeine Sprachniveau sich auch für viele *SL*-Schüler eignet.

Textverständnis `S. 289`

SCHRITT 1

1   **C**. (Heimlich verwünschte sie das grinsende Plüschvieh.)

2   **D**. (aus einem schmalen Fensterspalt)

3   **B**. (die Doppelschlange ... staute)

4   **D**. (kroch der Verkehr in der falschen Richtung)

5   **A**. (wirkten lächerlich)

6   **C**. (seitlich abgedrängt)

SCHRITT 2

7   **Falsch** (kaum noch schneller als fünfzig)

8   **Falsch** (ein einsamer Ford, der südwärts strebte)

9   **Richtig** (Er fuhr immer langsamer und machte gefährliche Schlenker ... Wie er schwitzte!)

10 **Falsch** (Im Süden kam ein Gewitter auf, das hinter ihnen herzog)

11 **Richtig** (Radiomeldungen, die sie im Vorüberfahren aufschnappen konnte)

SCHRITT 3

12 Das ist eine Radiomeldung und kommt wahrscheinlich von offizieller Seite, also von der Polizei oder von der Regierung.

13 Lächerlich.

14 Sie meint, sie sind schneller mit den Fahrrädern; sie weiß nicht, wohin der Traktor fährt, und sie will zum Bahnhof in Bad Hersfeld.

Weiterdenken `S. 290`

Die Schüler können die Vor- und Nachteile der Alternativen diskutieren.

Schriftliche Übung S. 290

Hier wird die dritte Form der Textsorte **Bericht** geübt, indem die Schüler den Polizeibericht zum Verkehrschaos schreiben. Eine Checkliste für einen Bericht ist auf S. 321 des Schülerbuches zu finden.

Dies ist als schriftliche Übung im Sinne von *Paper 2* konzipiert. Die Übung dient aber auch als Beispiel dafür, wie man bei *HL* eine literarische Vorlage (in diesem Fall allerdings nur einen kurzen Auszug) benutzen kann, um eine entsprechende Antwort für die Schriftliche Aufgabe zu erstellen. Dafür müsste die Antwort aber erheblich länger – 500 bis 600 Wörter – sein und auch eine zusätzliche Begründung von etwa 150 Wörtern haben.

In der Begründung sollte man erklären, warum man gerade diesen Schreibansatz gewählt hat. Dafür sollte man unter anderem kurz darstellen, warum man sich auf diesen Aspekt konzentriert hat und warum man dieses Format ausgesucht hat. In diesem Fall haben die Schüler natürlich keine Wahl, aber es wäre anders, wenn sie die Schriftliche Aufgabe aufgrund eines ganzen Romans erstellen würden.

Hier bietet sich jedoch die Gelegenheit an, so eine Begründung zu schreiben.

Nach dem Atomunfall ist „Die Wolke" wieder gefragt

Textverständnis S. 292

SCHRITT 1
1 **C**, 2 **G**, 3 **F**, 4 **A**, 5 **D**

SCHRITT 2
6 **G**, 7 **B**, 8 **D**, 9 **J**, 10 **F**

Weiterdenken S. 292

Es bietet sich hier die Gelegenheit für eine abschließende Diskussion zum Thema Atomkraft.

Schriftliche Übung S. 293

Obwohl die Stellungnahme bei *HL Paper 2* sich auf die Kernthemen beziehen soll, überlappen die Themen oft: Atomkraft kann auch als Globale Frage betrachtet werden. Man kann das Zitat auch allgemein sehen und die Aufgabe so angehen.

Cartoon S. 293

Abschließend kann man die politische Karikatur kurz besprechen.

9. Die Schriftliche Aufgabe (*SL*)

Ziel dieses Kapitels ist, dass die Schüler sich mit der Schriftlichen Aufgabe vertraut machen und dass sie die Gelegenheit haben, die verschiedenen Phasen Schritt für Schritt durchzuarbeiten.

Die Schüler bearbeiten hier eine Beispielaufgabe von der Anfangsphase bis hin zum Schreiben der Arbeit. Danach wird ein zweites Beispiel angeboten, womit die Schüler etwas unabhängiger arbeiten können. In diesem Kapitel werden die Schüler immer direkt angesprochen und ermutigt, die Aufgaben möglichst allein anzugehen.

Bitte beachten Sie: Die Texte und Übungen in diesem Kapitel sollten selbstverständlich nicht für die eigentliche *IB*-Aufgabe benutzt werden. Sie dienen als Muster und sollen die Schüler dazu anregen, eine eigene erfolgreiche Schriftliche Aufgabe mit anderen Themen und Textvorlagen zu schreiben.

Den Schülern wird hier klar gemacht, was von ihnen bei der Schriftlichen Aufgabe erwartet wird. Näheres dazu finden Sie im *Language B Guide 2015*, auf S. 33–34.

Einige wichtige Bemerkungen dazu:

- Die Arbeit wird nicht unter Aufsicht sondern zu Hause bzw. außerhalb des Unterrichts geschrieben.

- Die Verwendung von Referenzmaterialien aller Art ist erlaubt.

- Jeder Schüler sucht drei oder vier Texte zu einem Kernthemenbereich aus. Die drei Texte sollten thematisch klar miteinander verbunden sein, sollten aber verschiedene Ansätze und Perspektiven anbieten. Als Lehrer dürfen Sie hierzu beraten. Sie sollten z.B. einschreiten, wenn die ausgesuchten Texte nicht geeignet sind (zu lang, zu schwierig, zu vage, nicht thematisch verbunden, usw.)

- Sie als Lehrer dürfen auch bei der Auswahl des spezifischen Themas bzw. des Ansatzpunkts und beim Festlegen des Rahmens der Aufgabe beraten. Zur Rolle des Lehrers s. *Language B Guide 2015*, S. 29 und S. 33

- Jeder Schüler entwickelt seine eigenen Ideen und sucht dementsprechend eine geeignete Textsorte für die eigene Arbeit aus.

- Die Erstfassung der Arbeit sollten Sie mündlich (aber nicht schriftlich) kommentieren. Denken Sie dabei an die Bewertungskriterien und ob alles abgedeckt wird. Nach dieser Erstfassung dürfen Sie nicht mehr beraten.

- In der Begründung sollen die Schüler die Quellentexte kurz vorstellen, weil die Prüfer normalerweise diese Texte nicht lesen werden. Sie sollen auch erklären, warum sie den gewählten Ansatz bzw. die gewählte Textsorte ausgesucht haben und was sie damit bezwecken, z. B. welche Leserschaft sie ansprechen.

Orientierungsphase S. 296

Die Tabelle im Schülerbuch hilft, die Grundfragen der Schüler zur Schriftlichen Aufgabe zu beantworten. Als Lehrer sollten Sie vorbereitet sein, weitere Fragen zu beantworten. Wenn die Schüler die Struktur und den Zweck der Schriftlichen Aufgabe gut verstehen, werden sie eine bessere Arbeit schreiben. Dazu gehört auch, dass sie die Bewertungskriterien und deren Schwerpunkte verstehen, die im *Language B Guide 2015* zu finden sind.

Die zweite Tabelle fasst die Beispielaufgabe zusammen.

Vorbereitungsphase S. 297

In dieser Phase sollen die Schüler untereinander das Thema besprechen. Damit können sie ihre Vorkenntnisse feststellen und möglicherweise erweitern.

SCHRITT 1

Die Schüler sollen gemeinsam überlegen, welche allgemeinen Vor- und Nachteile eine Umgehungsstraße bieten könnte. Wenn es die Zeit erlaubt, wäre es dann möglich, eine Diskussion darüber in der Klasse zu führen.

Eventuelle Vorteile sind unter anderem: weniger Verkehr, weniger Lärm und geringere Umweltverschmutzung in der Stadt.

Eventuelle Nachteile sind unter anderem: Kosten, Umweltbelastung außerhalb der Stadt, weniger Geschäftskunden.

SCHRITT 2

Mögliche (aber nicht ausschließliche) Gründe, warum die aufgelisteten Personen für oder gegen eine Umgehungsstraße wären, sind wie folgt:

- eine junge Mutter – für: Sicherheit im Stadtverkehr

- der Besitzer einer Tankstelle an der Hauptstraße in der Stadt – gegen: reduzierte Einnahmen

- der Inhaber einer Speditionsfirma in einer benachbarten Großstadt – für: schnellere Lieferzeiten, Kostenersparnisse

- die Besitzerin eines Gasthofes mit einer populären Terrasse mit Waldblick in Stadtnähe – für: mehr Kunden; oder auch gegen: Lärm

- ein Bauer mit Land am Stadtrand – gegen: Verlust von Ackerland

- die Leiterin der Ortsbücherei – für: Sicherheit und Ruhe

- der Bürgermeister der Stadt – könnte für oder gegen sein, je nach politischer Einstellung

Quellentexte lesen S. 297

Bei den Texten handelt es sich um einen Zeitungsartikel, ein Interview mit der Rektorin der Grundschule und ein Flugblatt des ortsansässigen Naturschutzvereins. Die Schüler sollten die Texte lesen und eventuell zuerst mündlich zusammenfassen. Später müssen die Schüler für die Begründung die Texte auch schriftlich kurz zusammenfassen. Die Fragen zum Textverständnis helfen dabei, die Texte im Detail zu erschließen.

Textverständnis S. 301

TEXT A

1 Freigericht und Hasselroth

2 Von 20 Landwirten/Bauern

3 Mehr als fünf Kilometer

4 Bruno Wörner – Kreisvorsitzender des Bauernverbands; Joachim Lucas – Bürgermeister von Freigericht

5 Eine Brücke über die Bahnstrecke

6 In Freigericht

7 Frühestens 2017

TEXT B

1 Fast direkt an der Hauptstraße/weniger als 100 m entfernt

2 Weil es halb dunkel ist, wenn die Kinder in die Schule kommen

3 Weil sie oft einen Kinderwagen dabei haben

4 Seit vier Jahren

5 Einen gebrochenen Arm

6 Man hat den Haupteingang in eine ruhige Seitenstraße verlegt.

7 Sie haben extra Straßenaufsichtsdienste auf sich genommen. Sie besprechen das Thema Verkehrssicherheit auch im Unterricht.

TEXT C

1 Entlang der geplanten Trasse der Umgehungsstraße

2 Kaffeetrinken und eine Ausstellung „Natur vor der Haustür"

3 Gegen den Verlust von wertvollem Ackerland

4 Gegen die Folgen für Tiere und gegen Lärmbelastung am Ortsrand

5 Die Einführung von Tempo 30 auf der Hauptstraße im Ort

6 Als Beitrag zu den Kosten einer Sammelanzeige

Wortschatz

S. 302

Hiermit wird den Schülern klar gemacht, dass die drei Texte eine wichtige Quelle für nützliche Vokabeln sind, die bei der eigenen Arbeit wieder verwendet werden können.

Zuerst sollen sie einige Grundbegriffe mit Vokabeln und Ausdrücken aus den Texten verbinden. Manchmal kann man die Vokabeln verschiedenen Grundbegriffen zuordnen. Diese Übung können Schüler auch als Partnerarbeit machen.

Sie sollten auch die Gelegenheit wahrnehmen, mit den Schülern zu besprechen, wie man vermeiden kann vom Text abzuschreiben, z. B. indem man Vokabeln herausschreibt, aber beim Schreiben die Originaltexte beiseite legt.

Grundbegriff	Vokabeln
Protest	das Plakat; die Belastung; die Unterschrift; der Gegner
Landwirtschaft	die Biodiversität; der Landwirt; das Ackerland
Verkehr	die Trasse; hetzen; überholen; ein Lkw
Politik	der Bürgermeister; der Gemeinderat
Kinder	zukünftige Generationen; der Unterricht
Gefahr	bedroht; die Belastung; riskieren
Naturschutz	die Biodiversität; bedroht; der Nistplatz

Einen Schreibansatz finden

S. 302

Die Schüler sollen den Inhalt der drei Texte als Denkanstoß für die eigene schriftliche Arbeit verwenden. Dabei müssen sie drei Aspekte berücksichtigen – Inhalt, Perspektive und Format. Die Schüler werden dazu aufgefordert, verschiedene Listen zu erstellen. Hier haben Sie Gelegenheit, mit den Schülern die verschiedenen Methoden zu besprechen, wie sie themenbezogene Vokabeln und Ideen zusammenstellen können, um einen brauchbaren Plan zu gestalten.

A INHALT

SCHRITT 1

Die Schüler können den Inhalt auch in kleinen Gruppen diskutieren. Dabei sollten sie zwischen Tatsachen, Behauptungen und Voraussagen unterscheiden. Zum Beispiel ist es eine Tatsache, dass man die Baupläne jetzt einsehen kann, eine Behauptung, dass die Stadt von Verkehr, Lärm und Abgasen befreit wird, und eine Voraussage, dass das Projekt 17,5 Millionen Euro kosten wird.

SCHRITT 2

Ebenso kann eine Liste der Vor- und Nachteile der Umgehungsstraße in Gruppenarbeit erstellt werden. Dabei kann man sowohl Informationen aus den Texten als auch eigene Erkenntnisse verwenden.

SCHRITT 3

Schließlich überlegen die Schüler, welche Aspekte sie selbst interessant finden.

B PERSPEKTIVE

SCHRITT 1

Die Schüler werden jetzt aufgefordert, eine Liste ihrer eigenen Argumente für oder gegen eine Umgehungsstraße zu schreiben. Sie können ihre Liste mit der eines Mitschülers vergleichen.

SCHRITT 2

Dann sollten sie eine Liste von den Personen und Organisationen machen, die in den Texten vorkommen. Dabei notieren sie, ob diese für oder gegen die Umgehungsstraße sind.

Für die Straße sind: der Bürgermeister, der Landtagsabgeordnete, die Rektorin.

Gegen die Straße sind: die Landwirte (Bauernbund), die Grünen, die Naturschutzfreunde Main-Kinzig.

SCHRITT 3

Andere Personen und Organisationen mit Interesse an diesem Plan sind z. B.: Autofahrer, die zur Zeit durch die Ortsmitte fahren müssen; Politiker, die vielleicht Geld sparen wollen; Lkw-Fahrer; Eltern mit Schulkindern; Lehrer; die Einwohner der Stadt.

C FORMAT

Die Schüler sollten nun mit einem Mitschüler zusammenarbeiten, um die Tabelle auszufüllen. Es gibt mehrere Möglichkeiten, nicht nur die unten angegebenen Vorschläge.

In Anlehnung an das Beispiel auf S. 296 des Schülerbuches werden die Details für einen möglichen formellen Brief als Beispiel gegeben. Andere Versionen formeller Briefe sind natürlich auch möglich.

Hier sind mögliche Beispiele für alle Textsorten:

Textsorte	Aspekt	geschrieben von	Ziel	Leserschaft
formeller Brief	Zerstörung der Umwelt	einem Einwohner/ Umweltschützer/ Bauern	die Proteste zu unterstützen	Brief an die Zeitung – an andere Bürger
informeller Brief	Gefahr auf dem Schulweg	Mutter an ihre Schwester	sich über Gefahr beschweren, Zwischenfall erzählen	Familienmitglied
E-Mail	Naturschutz	Jugendlichen	mehr Leute beim Marsch	Freund(in) überzeugen, mitzukommen
Zeitungsartikel	Straßenpläne	Journalisten	Kommentar – pro/kontra	Zeitungsleser
Blogeintrag	Naturschutz	Naturschützer	Interesse wecken	Blogleser
Tagebucheintrag	„mein erster Schultag"	Kind	eigene Gefühle, Meinungen	eigentlich nur selbst
Broschüre/Flugblatt	Warum brauchen wir die Umgehungsstraße?	Gemeinderat	informieren	Bürger der Stadt
Aufsatz	Vor-/Nachteile der Straße	Schüler	Schularbeit	Lehrer
Interview	Landwirtschaft	Journalisten mit Landwirt	Gegeninterview zur Schulrektorin	Zeitungsleser
Nachrichtenbericht	Protestmarsch	Journalisten	Berichterstattung	Zeitungsleser
Zeugenaussage	Verkehrsunfall	Zeugen	Aussage für die Polizei	Polizisten
offizieller Bericht	Landwirtschaft	Bauernverband	Bericht für Gemeinderat	Gemeinderat
Rede/Vortrag	Schulweggefahr	Mutter	überreden/ unterstützen	Bürgerversammlung
Rezension	Naturausstellung	Journalisten	informieren	Zeitungsleser
Anweisung	Verkehrssicherheit	Schule	Verkehrserziehung	Familien – Eltern/ Kinder

Planungsphase S. 304

Jetzt wird geplant, den Brief zu schreiben. Hier wird noch einmal deutlich gezeigt, wie man relevante Informationen für eine bestimmte Perspektive aussucht.

SCHRITT 1

Man könnte alle aufgelisteten Tatsachen und Behauptungen aus den Texten in den Brief einarbeiten, aber bei einigen (hier rechts aufgelistet) müsste man die Behauptungen in den Texten herunterspielen, um die Argumente der Naturfreunde zu betonen. Die Argumente links sind relevanter.

• Einsprüche der Landwirte	• Unfälle im Ort
• geplanter Protestmarsch	• Lärm und Verschmutzung im Ortsmitte
• Biodiversität in der Gegend	
• Unterschriftensammlung	• Gefahren für Schulkinder
• Bedrohung für die Tierwelt	• Kosten des geplanten Projekts
	• hohe Verkehrszahlen im Ort

SCHRITT 2

Andere Aspekte, die allgemein relevant sind, können dann nach einer Diskussion hinzugefügt werden, z. B. die Wichtigkeit der Landschaft als Erholungsgebiet. Man könnte auch hier Alternativlösungen erwähnen, wie z. B. die Einführung eines Tempolimits und anderer verkehrsberuhigender Maßnahmen in der Stadt.

SCHRITT 3

Bei der Planung des Briefinhalts sind verschiedene Aufteilungen möglich. Hauptsache ist, dass der Brief logisch aufgebaut ist. Dieser Übungsschritt, bei dem die Schüler die Reihenfolge der verschiedenen Aspekte bestimmen, hat also keine definitiv „richtige" Antwort. Es wäre aber sinnvoll, mit der Erklärung für den Brief zu beginnen.

Schreiben S. 304

Sie sollten hier betonen, dass die Schüler beim Schreiben die relevanten Seiten des Schülerbuches beachten.

Begründung S. 305

Die Begründung wird im Schülerbuch hier genauer erklärt.

SCHRITT 1

Text B ist ein Zeitungsinterview mit der Rektorin der Grundschule, in dem sie die Gründe dafür erklärt, warum sie aus der Schulperspektive für die Umgehungsstraße ist.

Text C ist ein Flugblatt des Naturschutzvereins, das zum Protest gegen die Straße aufruft und versucht, um Unterstützung für die Aktion zu werben.

SCHRITT 2

Schreibansatz	**C.** Umweltschutz; Zerstörung der Natur; Protest
Warum?	**D.** eigenes Interesse am Naturschutz
gewähltes Format	**E.** formeller Brief an die lokale Zeitung – große direkt betroffene Leserschaft
Leserschaft	**B.** Leser der Zeitung – Bürger der Stadt
Ziel	**A.** Unterstützung für Protestbewegung und -aktionen; den Straßenbau stoppen

SCHRITT 3

Die Schüler schreiben eine Begründung von etwa 150-200 Wörtern. Wenn Sie dieses bewerten oder besprechen, sollten Sie darauf achten, dass alle Aspekte oben erwähnt werden, dass die Quellentexte kurz beschrieben werden und dass die Begründung klar und logisch aufgebaut ist.

Schriftliche Zusatzaufgabe S. 305

Diese Phase der Orientierungshilfe fordert die Schüler auf, etwas unabhängiger zu arbeiten, aber weiterhin dasselbe Thema und die Vokabeln zu verwenden, die sie schon erarbeitet haben.

Besprechen Sie am Ende mit Ihren Schülern kurz, welche Veränderungen sie für die neuen Texte vorgenommen haben und warum.

Es weht der Wind

In Richtung Selbstständigkeit S. 306

Als Nächstes werden die Schüler aufgefordert, zum Thema Windenergie zu schreiben. Umstrittene Themen sind bei der Schriftlichen Aufgabe immer zu begrüßen, weil sie sich von verschiedenen Perspektiven angehen lassen und weil es dann mehrere Schreibansätze gibt.

Die Grundvorgehensweise bleibt dieselbe und wird im Schülerbuch schrittweise zusammengefasst.

Je nach Niveau der Klasse bzw. der einzelnen Schüler kann man in dieser Phase entweder alle oder einige Übungen zusammen durcharbeiten oder die Schüler ganz selbstständig arbeiten lassen.

10. Textsorten – Beispiele und Checklisten

Kapitel 10 hilft Schülern bei dem Verständnis und Verfassen von Textsorten auf Deutsch. Es ist als Unterstützung aller thematischen Kapitel gedacht, da die schriftlichen Übungen in den Kapiteln 1–8 die Produktion von Textsorten fordern und somit deren Kenntnis voraussetzen. Somit sollte Kapitel 10 nicht alleinstehend behandelt werden, sondern das Arbeiten mit Textsorten in den thematischen Kapiteln unterstützen. In den Kapiteln wird bei jeder schriftlichen Übung auf die relevante Checkliste in Kapitel 10 hingewiesen, sodass die Schüler anhand der Checklisten die Qualität ihres Textes kontrollieren können. Dies kann in der Einzelarbeit mit dem eigenen Text, wie auch in der Partnerarbeit mit dem Text eines Mitschülers gemacht werden. Sie sollten die Arbeit mit den Checklisten zu Beginn des Kurses im Klassenverband vorstellen.

Während in den Kapiteln 1–8 Texte zur Behandlung von Themengebieten angeboten werden, werden gleichzeitig die Textsorten vorgestellt, die die Schüler in *Paper 2* und der Schriftlichen Aufgabe selbst schreiben müssen. Schüler arbeiten in den Kapiteln thematisch, und gleichzeitig wird die kommunikative Kompetenz gefördert, indem ein Bewusstsein entsteht, dass Konventionen einer Textsorte helfen, in einem Kontext effektiv zu kommunizieren. Die Planung eines überzeugenden Textes wird somit gefördert.

Kapitel 10 konzentriert sich auf diese Planung und bietet neben den Checklisten eine Einleitung, die die Kernfragen zur Analyse von Texten einführt. An den Beispieltexten in Kapitel 10 wie auch an anderen Texten des Schülerbuches kann Textanalyse geübt werden, um somit das Verständnis von Texten in der Kommunikation auf Deutsch zu fördern.

Nachfolgend finden Sie eine Kopiervorlage für eine Analysetabelle, mit der die Schüler eigenständig Text analysieren können.

Die Tabelle kann auch verwendet werden, um von Schülern geschriebene Texte zu diskutieren. Nachdem Schüler einen Text verfasst haben, geben sie diesen anderen Schülern, die die Tabelle ausfüllen. Der Autor des Textes diskutiert dann mit diesen Schülern, ob die Textsorte und die verwendeten sprachlichen Mittel dem Ziel der Aufgabe angepasst sind und ob die Adressaten erfolgreich angesprochen werden. Es werden gemeinsam Verbesserungsvorschläge diskutiert. Diese Übung hilft den Schülern bei der Textproduktion in *Paper 2* wie auch bei dem Verfassen der Schriftlichen Aufgabe.

Bei der Benutzung der Checklisten zur Analyse von authentischen Texten ist zu beachten, dass die Kreativität eines Autors und auch regionale Konventionen dazu führen können, dass nicht alle Punkte der Checkliste in einem Beispiel vorkommen. Sie sollten den Schülern klarmachen, dass die Checklisten eine Orientierungshilfe sind, die besonders bei der Produktion von eigenen Texten helfen. Besonders Texte, in denen der Stil des Autors und dessen Originalität gefordert sind, wie z. B. die Werbeanzeige oder der Blog, können hier als Beispiel verwendet werden. Gerade wenn ein persönlicher Stil erkennbar ist, wird den Schülern deutlich, dass Sprache durch Variation und Originalität dazu beiträgt, Interesse zu wecken, anzuregen und auch zu überzeugen. So werden Schüler motiviert, ihre Ausdrucksweise im Deutschen zu erweitern und Satzkonstruktionen zu variieren, wie es laut Bewertungskriterien im *IB* gefordert wird.

Textanalyse

Das folgende Arbeitsblatt können Sie den Schülern als Kopie für die Arbeit mit Texten im Unterricht geben. Als Beispiel finden Sie hier auch ein schon ergänztes Arbeitsblatt.

Textsorte:	
1 Der erste Eindruck: Welche typischen Merkmale für diese Textsorte sehen Sie hier?	
2 An wen richtet sich der Text?	
3 Was ist die kommunikative Absicht des Textes?	
4 Wie ist der Text strukturiert? • Einleitung • Hauptteil • Schluss • Anderes	
5 Was sind die sprachlichen oder stilistischen Merkmale des Textes? • Thematisches Vokabular • Bindewörter • Stil • Zeitformen • Ton • Ausdruck	
6 Wie stellt der Autor eine Beziehung zu den Rezipienten her?	
7 Welche rhetorischen Mittel benutzt der Autor?	
8 Andere Beobachtungen?	

Hier folgt ein Beispiel für den Aufsatz auf S. 318 des Schülerbuches.

Textsorte: Aufsatz/thematische Erörterung

1 Der erste Eindruck: Welche typischen Merkmale für diese Textsorte sehen Sie hier?

- klare Struktur
- Gliederung in Einleitung, Hauptteil, Schluss
- sachlicher Stil
- logische Struktur
- ausgeglichene Argumentation für und gegen Studiengebühren
- Strukturwörter wie *auf den ersten Blick, außerdem, darüber hinaus; im Großen und Ganzen* tragen zum Zusammenhang bei.

2 An wen richtet sich der Text?

Am Thema interessierte deutschsprechende junge Erwachsene und Erwachsene, die die Finanzierung der Universitäten interessiert, da sie vielleicht selbst von Studiengebühren betroffen sind

3 Was ist die kommunikative Absicht des Textes?

Die Adressaten von den Vor- und Nachteilen von Studienfinanzierung durch Staat oder Studierende zu informieren und den Nutzen einer ausgebildeten Bevölkerung für alle zu betonen

4 Wie ist der Text strukturiert?

- Einleitung (1. Abschnitt)
- Hauptteil (2.–7. Abschnitt)
- Schluss (8. Abschnitt)
- Anderes

5 Was sind die sprachlichen oder stilistischen Merkmale des Textes?

- Thematisches Vokabular (*Universität, Gebühren, finanzieren, Studenten, akademisches Potential, soziale Gerechtigkeit*)
- Bindewörter (*außerdem, folglich, somit*)
- Stil: komplexe Satzstrukturen
- Zeitformen
- Ton: sachlich
- Ausdruck: eine rhetorische Frage in der Einleitung, um Interesse zu wecken

6 Wie stellt der Autor eine Beziehung zu den Rezipienten her?

Die rhetorische Frage in der Einleitung weckt Interesse, Sachkompetenz spricht den Rezipienten an, die eigene Stellungnahme in der Ich-Form betont den persönlichen Bezug des Autors.

7 Welche rhetorischen Mittel benutzt der Autor?

Eine rhetorische Frage in der Einleitung

8 Andere Beobachtungen?

Quellennachweis

FOTOS

Titelfotos: visdia - Fotolia.com, Alen-D - Fotolia.com, Sophie Duncker, fhmedien_de - Fotolia.com, Yuri Arcurs - Fotolia.com, Michael Zimberov - Fotolia.com, sborisov - Fotolia.com, Edyta Pawlowska - Fotolia.com, asrawolf - Fotolia.com, samott - Fotolia.com, Mario Webhofer - Fotolia.com, jarma - Fotolia.com, Fotolyse - Fotolia.com, peppi18 - Fotolia.com, Dieter Brockmann - Fotolia.com, Yuri Arcurs - Fotolia.com.

XtravaganT - Fotolia.com (S. 8), JohanSwanepoel - Fotolia.com (S. 20), HaywireMedia - Fotolia.com (S. 33), Tatjana Balzer - Fotolia.com (S. 46), tom - Fotolia.com (S. 63), Daniel Etzold - Fotolia.com (S. 72), XtravaganT - Fotolia.com (S. 82), vizafoto - Fotolia.com (S. 91), Monkey Business - Fotolia.com (S. 294), Belkin & Co - Fotolia.com (S. 107).